Karl-Heinz Schwenk

Rhythmisch-bewegter Deutschunterricht

Stundenbilder mit Kopiervorlagen

3./4. Klasse

BRIGG Pädagogik

Gedruckt auf umweltbewusst gefertigtem, chlorfrei gebleichtem
und alterungsbeständigem Papier.

1. Auflage 2011
Nach den seit 2006 amtlich gültigen Regelungen der deutschen Rechtschreibung
© by Brigg Pädagogik Verlag GmbH, Augsburg
Alle Rechte vorbehalten.
Das Werk und seine Teile sind urheberrechtlich geschützt. Jede Nutzung in anderen als den
gesetzlich zugelassenen Fällen bedarf der vorherigen schriftlichen Einwilligung des Verlages.
Hinweis zu § 52a UrhG: Weder das Werk noch seine Teile dürfen ohne eine solche Einwilligung
eingescannt und in ein Netzwerk eingestellt werden. Dies gilt auch für Intranets von Schulen
und sonstigen Bildungseinrichtungen.

ISBN 978-3-87101-**668**-4   www.brigg-paedagogik.de

Inhalt

Vorwort 5

Erläuterungen und Hilfen zum Gebrauch 6

Übungseinheiten

1. Wortartenkenntnis (Nomen, Verben, Adjektive) musikalisch bewegt trainieren 8
2. Spiele mit Wortarten 9
3. Wortartenstraße (ausnahmsweise ohne Musik) 10
4. Nomen – rhythmisch zusammengesetzt 11
5. Personalpronomen und Verben im Sitzkreis 12
6. Personalpronomen und „magnetische Verben" 13
7. Personalpronomen zuordnen 14
8. „Verbenstraße" mit Personalpronomen und regelmäßigen sowie unregelmäßigen Verben 15
9. „Verbenstraße" in verschiedenen Zeitformen (Erweiterung der Übungseinheit 8) 16
10. Anziehen und Abstoßen: „Magnetische Begegnungen" zwischen Personalpronomen und Verben 18
11. Adjektive steigern 19
12. Wortfamilien: Verwandtschaften und Gemeinsamkeiten 20
13. Rhythmisches Wortfelderquartett – bewegt zusammengesetzt 21
14. Rechtschreiben: Weiche und harte Konsonanten (g–k, b–p, d–t) 22
15. „Rhythmisches" Dehnungs-h 23
16. Die Endungen -lich und -ig 24
17. Wörterzauber: Aus Verben/Adjektiven werden Nomen (Wortspiel mit Endungen) 26
18. Oberbegriffe (I) 27
19. Oberbegriffe (II) 28
20. Wörtliche Rede und Begleitsätze (I) 29
21. Wörtliche Rede (II) 30
22. Silbentrennung (I) 31
23. Silbentrennung (II) 32
24. Adjektive: Finde das Gegenteil (rhythmisches Memory) 33
25. Satzglieder: Umstellprobe 34
26. Satzglieder umstellen 35
27. Satzglieder beantworten Fragen 36
28. „Der Subjektkönig gibt ein Fest" 37
29. Veränderung des Verbs durch Vorsilben: Der „Verbenkönig" 38
30. Satzanfänge 39

Kopiervorlagen

Übungseinheit 1	40
Übungseinheit 3	44
Übungseinheit 4	45
Übungseinheit 5	49
Übungseinheit 6	52
Übungseinheit 10	54
Übungseinheit 11	57
Übungseinheit 12	59
Übungseinheit 13	60
Übungseinheit 14	68
Übungseinheit 15	71
Übungseinheit 16	75
Übungseinheit 17	78
Übungseinheit 18	84
Übungseinheit 19	90
Übungseinheit 20	95
Übungseinheit 24	104
Übungseinheit 25	108
Übungseinheit 26	115
Übungseinheit 27	122
Übungseinheit 28	130
Übungseinheit 29	138
Übungseinheit 30	141

Arbeitsblätter

Übungseinheit 12	144
Übungseinheit 13	145
Übungseinheit 18	146

Blankokarten

Karten für Wörter	147
Karten für Satzglieder	148
Karten für Sätze	149

Vorwort

Die Spatzen (Gehirnforscher/-innen, Psychologen/Psychologinnen, Therapeuten/Therapeutinnen, Erzieher/-innen, ...) pfeifen es von den Dächern:

– Musik macht schlau, ... beeinflusst die Intelligenz;
– ganzheitliches Lernen wird propagiert;
– Bewegungsmangel überall, auch wenn Kinder insbesondere durch Bewegung und Begreifen lernen.

Kurzum: Wer gut lernen will, muss sich bewegen und vor allem „bewegen lassen". Das bedeutet: Er sollte sich auf den pädagogischen Weg der Rhythmik begeben.
Rhythmik oder rhythmische Erziehung oder auch rhythmisch-musikalische Erziehung ist ein pädagogisches Prinzip, das durch Bewegung in Verbindung mit Musik und Sprache zu ganzheitlichem Lernen führt. In diesem pädagogischen Prinzip sind Bewegung, Musik und Sprache nicht voneinander unabhängige Elemente des Lernens, sondern sie sind miteinander verzahnt und ergänzen sich.
Rhythmik will zu einer differenzierten Wahrnehmung über das Hören, Sehen, Tasten und die eigene Körpererfahrung führen. Das Kind soll so in spielerischer Form und über eigene Erfahrungen handelnd Prozesse des Abwägens, Vergleichens und Zuordnens einüben, die zur Grundlage für die Begriffsbildung und das Denken werden können. In diesem Sinne berührt die Rhythmik unmittelbar das Anliegen jeden Sprachunterrichts.
Ziel des hier vorgelegten Werkes ist es, das pädagogische Prinzip der Rhythmik u. a. zu einem Unterrichtsprinzip im Sprachunterricht zu machen. Das Buch soll in vielen verschiedenen Stundenbildern (Übungseinheiten) zeigen, wie Elemente der Rhythmik auf vielfältige Weise in den Sprachunterricht der Grundschule zu integrieren sind und wie die Kinder Sprache und Sprachkenntnisse „handelnd bewegt" erwerben können.

Die Stundenbilder (Übungseinheiten) wurden im Unterricht erfolgreich erprobt und haben „meine Kinder" und mich „bewegt". Dies zeigt, dass Grammatik und Rechtschreiben nicht nur am Sitzplatz stattfinden müssen. Gewissermaßen als Sahnetupfer fand in diesem Unterricht gleichzeitig soziales Lernen statt.

Alle vorgestellten Übungen leben vorwiegend vom Sprachvollzug und dienen dem Training und der Festigung des richtigen Sprechens. Sie ersetzen nicht die Reflexion über Sprache und das Erkennen grammatischer Gesetzmäßigkeiten. Diese können nur durch Sprachbetrachtung gewonnen werden.

Für die Stundenbilder (Übungseinheiten) selbst gilt: Man darf – und sollte – sich entsprechend der Möglichkeiten seiner Lerngruppe damit bewegen. Man kann sie modifizieren, sie als Stundenbild (Übungseinheit), wie beschrieben, einsetzen oder auch nur einzelne Elemente für „Zwischendurch" nutzen.

Beim bewegten Lernen im Deutschunterricht wünsche ich viel Freude und Kreativität.

Karl-Heinz Schwenk

Erläuterungen und Hilfen zum Gebrauch

Wird einer der folgenden Begriffe in den Übungseinheiten erwähnt, so steht die jeweilige Nummer der hier zu findenden Erklärungen in Klammern daneben.

1. **Blickkontakt:** Ziel dieses methodischen Vorgehens ist es, Kinder zu gelingenden wechselseitigen Interaktionen zu befähigen. Die Aufforderung zu den Aktionen innerhalb der Übungseinheiten erfolgt nicht über das Nennen der Namen (sei es durch den Lehrer/die Lehrerin oder andere Mitschüler/-innen), sondern rücksichtsvoll durch Blickkontakt: Vor dem Start einer Aktion wird der Klasse gesagt, dass ein Kind – z.B. nach Beendigung einer Rhythmusfolge/Phrase – unaufgefordert beginnen darf. Möchten mehrere Kinder gleichzeitig anfangen, so verständigen sie sich durch Blickkontakt. Sie lernen dabei abzuschätzen: Hat ein anderes Kind Vorrang? Wenn ja, dann ziehe ich mich zurück und warte auf einen der nächsten Durchgänge. Dieses Warten muss immer wieder trainiert werden und gelingt den Kindern umso besser, je mehr ihnen bewusst wird: Ich darf bei einem der nächsten Durchgänge auf jeden Fall in Aktion treten. Je häufiger die Kinder diese Erfahrung machen konnten, desto leichter werden sie es mit der Zeit auch aushalten können, bei einem Spiel einmal nicht an die Reihe zu kommen. Dies wird bei den meisten der Übungseinheiten aber kaum der Fall sein.
Bei dieser Form des Miteinander-Spielens lernen die Kinder ein hohes Maß an Sozialverhalten: Sie lernen einerseits, zu warten und aufeinander Rücksicht zu nehmen, zum anderen dürfen sie aber auch selbstbewusst auftreten, wenn sie merken: Jetzt ist der Zeitpunkt gekommen, an dem ich mich in das Spiel bzw. in die Übung einbringe. Die Erfahrung hat gezeigt, dass eine geduldige Einübung dieses Weges die Kinder immer besser befähigt, ihre Interaktionen selbstständig zu steuern. Das heißt: Sie lernen, sich handelnd und aufeinander reagierend wechselseitig in ihrem Verhalten zu beeinflussen. Ohne dass der Lehrer/die Lehrerin eingreift, regulieren die Kinder selbst, wenn jemand zum zweiten oder dritten Mal aktiv werden möchte, ebenso werden zurückhaltende Kinder ermutigt, sich in das Spiel einzubringen.

2. **Chinesische Essstäbchen aus Holz:** Diese eignen sich hervorragend zur Rhythmusbegleitung und schonen die Ohren aller Beteiligten.

3. **Die pentatonische Reihe:** Die pentatonische Reihe ist ein „Tonvorrat" von fünf Tönen, bestehend aus vier Ganztonschritten und einem Anderthalbtonschritt oder aus drei Ganztonschritten und zwei Anderthalbtonschritten. Sie enthält keine Halbtöne. Ein Beispiel für eine pentatonische Reihe ist die Tonfolge: c, d, e, g, a. Diese Töne können in beliebiger Reihenfolge gespielt werden. Beim Einsatz von zwei Instrumenten passen verschiedene pentatonische Melodien – z.B. aus den Tönen c, d, e, g, a – klanglich immer wieder zueinander. Eine solche Reihe eignet sich sehr gut zur Melodieimprovisation.

4. **Farbkarten:** Es empfiehlt sich, für die Übungseinheiten Farbkarten in Rot, Grün und Blau (etwa DIN A6) zu laminieren. Jede Farbe sollte in Klassenstärke vorhanden sein. Mit diesen Farbkarten lassen sich die vorgestellten Übungseinheiten realisieren und bei Bedarf wiederholen.

5. **Laminierte Blankokarten:** Diese Kopiervorlagen eignen sich, um die Karten mit auf die eigene Lerngruppe zugeschnittenen Wörtern und Sätzen zu beschriften.

6. **Metrum:** Unter Metrum versteht man in der Musik den gleichmäßigen Puls, der das Tempo z.B. eines Liedes (Musikstückes) oder einer Rhythmusfolge vorgibt. Das Ticken einer Uhr beispielsweise ist ein Metrum.

7. **Schleichdiktat:** Bei Schleichdiktaten liegen Wörter oder Texte räumlich entfernt von den Sitzplätzen der Kinder bereit. Die Kinder gehen (schleichen) zu den Wörtern/Texten, merken sich diese und schreiben sie an ihrem Platz auf.

8. **Phrase:** Unter einer musikalischen Phrase (Unterteilung) versteht man eine Folge von Tönen, die melodisch und rhythmisch bzw. als Rhythmusfolge eine Einheit bilden. Lieder sind z.B. in mehrere Phrasen unterteilt, nach denen meist eine Atempause folgt.

In den Übungseinheiten werden jeweils nur eine oder zwei mehr oder weniger lange Rhythmusfolgen benötigt. Nachstehend sind Rhythmusfolgen zusammengestellt, die in den Übungseinheiten praktisch umgesetzt werden können. Zudem finden sich in vielen Übungseinheiten rhythmisierte Sprechverse, die unter dem Punkt „Material/Medien" aufgeführt werden und gleichfalls aus höchstens zwei Phrasen bestehen.

A. Metrum zum Gehen

B. Vorschläge für Rhythmusfolgen (Diese können beliebig oft wiederholt werden.)

Wortartenkenntnis (Nomen, Verben, Adjektive) musikalisch bewegt trainieren

Übungseinheit 1

Sprachliche Ziele:

- Festigung der Wortartenkenntnis
- Sicherheit in der Unterscheidung der Wortarten Verb, Nomen, Adjektiv gewinnen
- Nachdenken über Sprache: die unterschiedlichen Leistungen von Nomen, Verben, Adjektiven erkennen und benennen

Rhythmische Ziele:

- Reaktionsfähigkeit – Abschätzen von Phrasen **(8)**
- Sicherheit im Einhalten eines Metrums **(6)**[1] gewinnen
- Rücksichtnahme und Selbstbewusstsein stärken

Material/Medien:

- Wortkarten (Nomen, Verben, Adjektive in Großbuchstaben geschrieben; Kopiervorlagen 1–3 zur Übungseinheit 1)
- Farbplättchen (Nomen blau, Verben rot, Adjektive grün; Kopiervorlage 4 zur Übungseinheit 1)
- Improvisationsinstrument (Klavier, Gitarre, Flöte oder Handtrommel) oder CD mit Musik zum Gehen

Vorbereitung:

Im Raum verteilt (je nach Platzangebot) liegen auf Tischen und/oder auf dem Boden Wortkarten mit Großbuchstaben (Nomen, Verben und Adjektive).

Spielablauf:

Zu improvisierter Musik (Lehrerinstrument, Handtrommel, CD) gehen die Kinder mit einer Anzahl von Farbplättchen (z. B. je Farbe bzw. Wortart 3 Plättchen) im Metrum durch den Raum. Am Ende der Musikimprovisation (beim Musikstopp) legt jedes Kind ein entsprechendes Plättchen zu einer Wortkarte. Mehrfachbelegungen ergeben sich dabei automatisch. Wenn die Plättchen der Schüler/-innen aufgebraucht sind oder die Spielfreude nachlässt, endet das Spiel. Danach werden die Zuordnungen kontrolliert und strittige Zuordnungen geklärt (auf manchen Wortkarten könnten verschiedene Farben abgelegt worden sein). Anschließend können die Wortkarten als Vorlage für ein Schleichdiktat **(7)** genutzt werden.

Alternative für den Sitzkreis: 3 Karten werden aufgedeckt, 3 Kinder legen die Plättchen.

Beispiel für ein entstandenes Bild am Ende des Spieles (Ausschnitt):

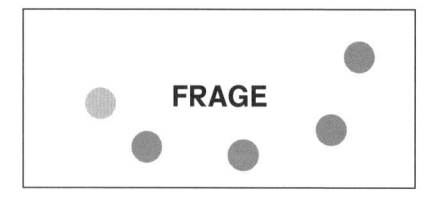

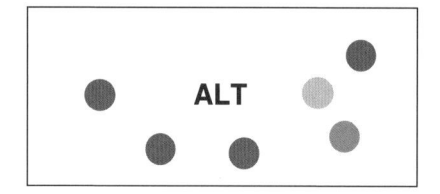

| FRAGE | ALT | GEHEN |

---

[1] Alle in den vorliegenden Übungseinheiten durch Zahlen gekennzeichneten Begriffe werden am Anfang des Buches in den „Erläuterungen und Hilfen zum Gebrauch" erklärt.

Spiele mit Wortarten

Übungseinheit 2

Sprachliche Ziele:

- Festigung der Fähigkeit, Nomen, Verben und Adjektive zu unterscheiden
- Schulung der Merkfähigkeit in Verbindung mit rhythmischem Gehen

Rhythmische Ziele:

- Schulung der Reaktionsfähigkeit bzw. des Gefühls für die Länge von musikalischen Phrasen **(8)**
- Förderung von Rücksichtnahme, Stärkung des Selbstbewusstseins

Material/Medien:

- laminierte Farbkarten **(4)** für die Wortarten Nomen (blau), Verb (rot), Adjektiv (grün)
- Instrument zum Improvisieren (bzw. Handtrommel oder CD mit Musik zum Gehen) für das Spielen jeweils gleich langer musikalischer Phrasen (vier 4/4-Takte)

Vorbereitung:

Jedes Kind hält drei Farbkarten – blau, rot, grün – in den Händen.

Spielverlauf:

1. Der Lehrer/die Lehrerin improvisiert/spielt bei den verschiedenen Durchgängen jeweils eine gleich lange musikalische Phrase. Die Kinder gehen dazu mit ihren Karten im Raum umher. (Steht kaum Platz zur Verfügung, so können auch wenige Kinder gehen, während die anderen den Lehrer/die Lehrerin klatschend begleiten.) Am Ende der jeweiligen Phrasen bleiben die Kinder stehen. Der Lehrer/die Lehrerin nennt ein Wort. Die Kinder zeigen durch Hochhalten der richtigen Farbkarte an, um welche Wortart es sich beim genannten Wort handelt.

2. **Gleicher Spielverlauf:** Jetzt wird das Wort von dem Lehrer/der Lehrerin aber vor der jeweiligen musikalischen Phrase genannt. Am Ende der Musik halten die Kinder die richtige Farbkarte hoch.

3. **Vorbereitung:** Drei Kinder erhalten je eine Farbkarte blau, rot oder grün.
   Spielverlauf: Alle Kinder gehen zur Musik durch den Raum. Beim Musikstopp nennt der Lehrer/die Lehrerin ein Wort (z.B. ein Nomen). Beginnt die Musik wieder, halten die drei Kinder mit den Farbkarten diese im Gehen hoch. Alle anderen Kinder folgen dem Kind mit der blauen Farbkarte für Nomen. Die beiden anderen „Kartenkinder" gehen allein weiter.

4. **Vorbereitung:** Jedes Kind sucht sich eine der drei möglichen Farbkarten aus dem bereitgestellten Farbkartenstapel aus.
   Spielverlauf: Die Kinder bewegen sich zur Musikimprovisation gleichmäßig durch den Raum. Beim Musikstopp wird ein Wort genannt, z. B. „hoch". Sobald die nächste Musik beginnt, finden sich alle Kinder mit den grünen Karten in einer Gruppe zusammen. Sie bleiben am Ende der Musik stehen und halten ihre Karten hoch. Die anderen Kinder bleiben im Raum verteilt stehen. Nach einigen Durchgängen können die Karten auch getauscht werden.
   Nach diesen bewegten Spielen können die Kinder in kleinen Gruppen mit Wörtern aus dem Wörterbuch, der Kartei oder der Wörterliste arbeiten: Ein Kind liest ein Wort vor. Die anderen Kinder halten die richtige Farbkarte hoch. Das Wort wird dann von allen in eine Tabelle (Verb, Nomen, Adjektiv, anderes Wort) eingetragen. (Beim „anderen Wort" könnten die Kinder selbst ein Zeichen, z. B. Stift hochhalten, verabreden.)

Wortartenstraße (ausnahmsweise ohne Musik) — Übungseinheit 3

Sprachliche und rhythmische Ziele:

- Sicherheit im Unterscheiden der Wortarten Nomen, Verb, Adjektiv gewinnen
- Schulung der Konzentrations- und Reaktionsfähigkeit

Material/Medien:

- laminierte Farbkarten **(4)** in Rot, Grün, Blau
- Wortkarten mit Verben, Nomen, Adjektiven (Kopiervorlage Blankokarten: Wörter **(5)**)
- Kopiervorlage zur Übungseinheit 3 (Spielplan) und Spielfiguren

Vorbereitung:

Mit den unterschiedlich laminierten Farbkarten wird eine dreifarbige Straße aus ca. 10 bis 14 Karten gelegt (das kann auch im Sitzkreis erfolgen). Die Karten sollten in Schrittweite voneinander entfernt liegen.

Spielverlauf:

1. Ein Kind geht die Wortartenstraße entlang und nennt bei jedem Schritt zur nächsten Karte ein Wort entsprechend der Farbe (Verb, Nomen oder Adjektiv). Es sollte möglichst kein Wort doppelt genannt werden dürfen. Wer den Wettkampf mag, kann die Zeit stoppen, die die Kinder für die Wortartenstraße benötigen.

2. Zusätzlich zur Wortartenstraße aus dem Spiel 1 liegt im Kreis ein Stapel mit verdeckten Wörtern in Großbuchstaben (Verben, Nomen, Adjektive).
   Ziel dieses Spieles soll es sein, dass **ein Kind** die gesamte Wortkartenstraße richtig durchwandert, d. h. es darf nur zur nächsten Farbkarte weitergehen, wenn eine entsprechende Wortkarte aus dem verdeckten Wortkartenstapel gezogen wurde.
   Die Wortartenstraße beginnt z. B. mit einer roten Farbkarte (Verb). Ein Kind aus dem Sitzkreis darf vom Kartenstapel eine Karte nehmen und das Wort vorlesen. Nennt es ein Verb, darf das „Straßenkind in der Warteschleife" zur ersten roten Wortartenkarte gehen. Wurde ein Nomen gezogen, muss es stehen bleiben. Das nächste Kind aus dem Sitzkreis darf eine neue Karte ziehen. Wie lange dauert es wohl, bis das „Straßenkind" durch die Wortartenstraße geführt wurde? Das Ziehen der Karten kann in der Reihenfolge des Sitzkreises erfolgen oder nach erfolgter Verständigung durch Blickkontakt **(1)**.

   Im Anschluss daran können die Kinder das Spiel auch in Partner- oder Gruppenarbeit am Platz mit dem Spielplan aus den Kopiervorlagen spielen.

Nomen – rhythmisch zusammengesetzt — Übungseinheit 4

Sprachliche Ziele:

- Sprachfreude entwickeln durch den spielerischen Umgang mit zusammengesetzten Nomen
- Nachdenken über den Sinngehalt von Wörtern

Rhythmische Ziele:

- Schulung der Orientierungs- und Merkfähigkeit
- Förderung von Rücksichtnahme und Selbstbewusstsein

Material/Medien:

- Wortkarten mit zusammengesetzten Nomen: zweifarbig (z.B. rote Wortkarte: Haus-, grüne Wortkarte: -tür; Kopiervorlagen 1–4 zur Übungseinheit 4)
- Sprechvers:

> Sag mir mal, was ist denn das?
> O - der ist das nur ein Spaß?
> Wel - che Wör - ter fin - den wir?
> Schlau - e Kin - der, das sind wir.

Vorbereitung:

In der Mitte des Sitzkreises liegen zwei gemischte Kartenstapel. Der eine Stapel enthält Grundwörter, der andere Bestimmungswörter für zusammengesetzte Nomen.
(Beispiel: Fensterbank: Bank = Grundwort → Stapel 1, Fenster = Bestimmungswort → Stapel 2)

Spielverlauf:

Der Vers: „Sag mir mal, was ist denn das?" wird von allen Kindern rhythmisch gesprochen. Am Ende des Verses dürfen zwei Kinder jeweils eine Karte von einem der beiden Stapel nehmen (das eine Kind vom grünen, das andere vom roten). Das Aufnehmen der Karten geschieht rücksichtsvoll durch Blickkontakt **(1)** und nicht über das klassische „Drannehmen". Dies gelingt, wenn jedes Kind sicher sein kann, auch einmal eine Karte ziehen zu dürfen. Die Karten werden in der Reihenfolge rot – grün (Bestimmungswort, Grundwort) vorgelesen. Da die Karten gemischt sind, ergeben sich lustige Wortkombinationen, die den Kindern Freude bereiten werden, die aber auch Anlass zum Nachdenken über deren Sinnhaftigkeit geben. Die vorgelesenen Karten werden im Innenkreis verdeckt abgelegt. Nach dem Vorlesen des zusammengesetzten Nomens und dem Ablegen wiederholt sich das Spiel, bis die Karten von den beiden Stapeln aufgebraucht sind. Alle Kinder versuchen, sich während des Spieles die abgelegten Wortteile zu merken. Sind alle Karten gezogen und im Innenkreis abgelegt, wird gemeinsam Memory gespielt, bei dem die richtigen und Sinn ergebenden Nomen gemeinsam gefunden werden sollen. (Tipp: Es empfiehlt sich dabei, umgedrehte Wörter offen liegen zu lassen.)

Die aufgedeckten Nomen können anschließend z.B. für ein Schleichdiktat **(7)** genutzt werden.

Personalpronomen und Verben im Sitzkreis — Übungseinheit 5

Sprachliche und rhythmische Ziele:

- Personalpronomen und die entsprechenden Verbformen zuordnen üben
- auf musikalische Signale – das Ende der Phrase **(8)** – aufmerksam reagieren

Material/Medien:

- Karten mit Personalpronomen (Kopiervorlage 1 zur Übungseinheit 5, laminiert)
- Karten mit konjugierten Verben ohne Personalpronomen (Kopiervorlagen 1–3 zur Übungseinheit 5 oder alternativ: Blankokarten: Wörter **(5)** laminieren und mit wasserlöslichem Folienstift selbst beschriften, damit sich die Personalformen der unterschiedlichsten Verben austauschen lassen); es empfiehlt sich, die Verben-Karten auf der Rückseite mit einem „V" zu kennzeichnen
- Sprechvers: „Ich und du":

>   Ich und du und er, sie, es,
>   Paa-re fin-den ist kein Stress.
>   Wir sind, ihr seid, sie sind schlau,
>   al-le ma-chen's ganz ge-nau.

Vorbereitung:

Die Schüler/-innen sitzen im Kreis. Auf dem Boden liegt ein Stapel mit den verdeckten Verben-Karten (konjugierte Verben ohne Personalpronomen). Die Karten mit den Personalpronomen liegen offen aus.

Spielverlauf:

Der Lehrer/die Lehrerin spricht mit den Kindern den Vers (s.o.). Am Ende des Verses darf ein Kind vom „Verbenstapel" eine Karte ziehen, diese zum entsprechenden Personalpronomen legen und die Paarung vorlesen. Wieder geschieht das Ziehen der Karte nach erfolgter Verständigung durch Blickkontakt **(1)**. Merkt ein Schüler/eine Schülerin, dass schon ein anderer vor ihm beim Stapel ist, wartet er bis zu einem weiteren Mal. Es werden so viele Durchgänge gespielt, wie Verben-Karten vorhanden sind. Im Anschluss an das Spiel können die zugeordneten Verben in allen Personalformen („durchkonjugiert") ins Heft geschrieben werden.

Es empfiehlt sich, in weiteren Spielen auf die gleiche Weise die Personalformen der Verben im Präteritum zu trainieren.

Beispiel für ein im Spielverlauf entstehendes Bild:

ich	du	er, sie, es	wir	ihr	sie
lese	gibst	liegt	graben	redet	sehen
rede			schlafe		

Personalpronomen und „magnetische Verben" — Übungseinheit 6

Sprachliche und rhythmische Ziele:

- Personalpronomen sicher in Verbindung mit Verbformen üben
- erkennen, dass die Grundformen der Verben verändert werden müssen, wenn sie in Verbindung mit Personalpronomen stehen
- Reaktion auf akustische/musikalische Signale

Material/Medien:

- Karten mit Personalpronomen (s. Kopiervorlage 1 zur Übungseinheit 5)
- Karten mit Verben in der Grundform (Infinitiv) (Kopiervorlagen 1–2 zur Übungseinheit 6 oder Blankokarten: Wörter **(5)**; Tipp: auf der Rückseite mit „G" kennzeichnen)
- Karten mit den Personalformen der gleichen Verben (s. Kopiervorlagen 1–3 zur Übungseinheit 5)
- Trommelrhythmus oder Instrumentalimprovisation zum Gehen (Handtrommel, Melodieinstrument)

Vorbereitung:

Einige Kinder erhalten eine Karte mit Personalpronomen, andere halten eine Karte mit einer gebeugten Form der Verben in den Händen. Ein weiteres Kind bekommt den Stapel mit den Verben in der Grundform.

Spielverlauf:

Das Kind mit dem Kartenstapel mit Infinitivformen steht (sitzt) in der Mitte. Die übrigen Kinder gehen zu einer Musik im Raum umher. Während des Gehens tauschen sie stets ihre Karten mit dem entgegenkommenden Kind. Am Ende der Musik bleiben alle stehen. Das sitzende Kind liest von seinem Stapel ein Verb vor (z. B. gehen). Alle Kinder, die eine Karte mit einem Personalpronomen haben, bleiben stehen und halten diese Karte hoch. Die Kinder, die die Karten mit dem entsprechenden gebeugten Verb haben (z. B. ein Kind: gehst, ein anderes: geht, ...), gehen zu dem Kind mit dem passenden Personalpronomen. Alle anderen Kinder, auf deren Karten andere Verben stehen, setzen sich auf den Boden. Die Paarungen werden vorgelesen (hier: du gehst; er, sie, es geht, ...).

Der nächste Durchgang beginnt wiederum mit der Musik (gleiche Länge). Währenddessen tauschen die Kinder erneut die Karten, auch das Kind am Grundformen-Stapel wird abgelöst. Am Ende der Musik bleiben alle stehen, ein Verb in der Grundform wird vorgelesen, und die entsprechenden Paare finden sich wieder ...

Personalpronomen zuordnen

Übungseinheit 7

Sprachliche und rhythmische Ziele:

- Personalpronomen gebeugten Verbformen zuordnen üben
- rücksichtsvoll miteinander umgehen

Material/Medien:

- Kartenstapel mit verschiedenen Personalpronomen (s. Kopiervorlage 1 zur Übungseinheit 5)
- Sprechvers: „Ich, du, er, sie, es, ..." (s. Übungseinheit 5)
- Wortkarten mit je einem gebeugten Verb (s. Kopiervorlagen 1–3 zur Übungseinheit 5 oder selbst beschriftete Blankokarten: Wörter **(5)**)

Vorbereitung:

Auf dem Boden, innerhalb des Sitzkreises verteilt, liegen Verben aus dem Grundwortschatz in verschiedenen konjugierten Formen. In der Mitte liegt ein Stapel verdeckter Karten mit Personalpronomen.

Spielverlauf:

Die Kinder sitzen im Kreis. Der Lehrer/die Lehrerin spricht den Sprechvers („Ich, du, er, sie, es, ..." aus der Übungseinheit 5). Am Ende des Verses darf ein Kind eine Karte vom Kartenstapel nehmen, diese zu einem passenden gebeugten Verb legen und die Kombination vorlesen. Merkt das Kind, dass schon ein anderes unterwegs ist, wartet es rücksichtsvoll. Nach dieser Übung können die gelegten Wortpaare als Grundlage dafür dienen, im Heft die konjugierten Formen der Verben aufzuschreiben.

Beispiel:

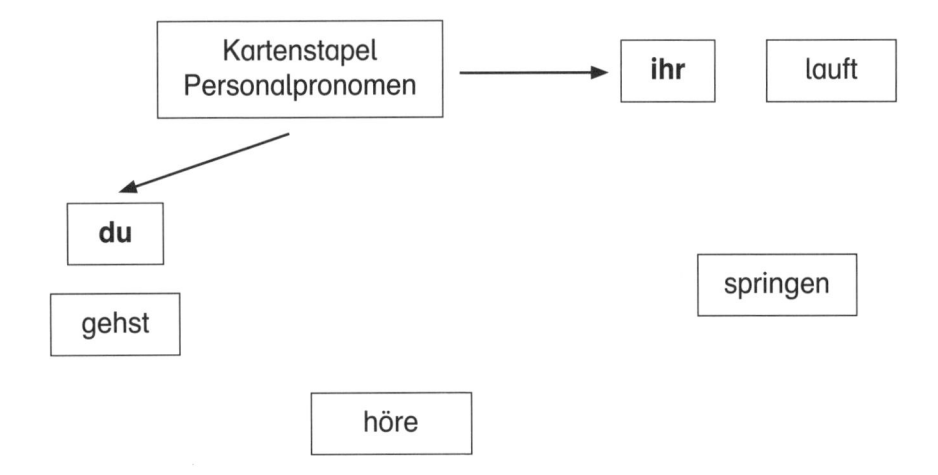

„Verbenstraße" mit Personalpronomen und regelmäßigen sowie unregelmäßigen Verben

Übungseinheit 8

Sprachliche und rhythmische Ziele:

- Personalpronomen im Singular und Plural erkennen und benennen können
- durch den Sprachvollzug die Konjugationen von regelmäßigen und unregelmäßigen Verben üben und festigen
- den Sprachrhythmus in Bewegung übertragen können

Material/Medien:

- 6 laminierte Farbkarten **(4)**: je 3 Karten für die Personalpronomen im Singular und im Plural (für Singular und Plural zwei unterschiedliche Farben wählen)
- alle Karten mit wasserlöslichem Folienstift beschriften: ich, du, …
- Trommel

Vorbereitung:

Zur Vorbereitung werden die Personalpronomen in der üblichen Reihenfolge an die Tafel geschrieben. Die Schüler/-innen sollen den Unterschied zwischen den Pronomen im Singular und Plural erkennen und die zusammengehörenden Singular- und Pluralformen farblich unterschiedlich markieren.

Spielverlauf:

Die Schüler/-innen sammeln zweisilbige Verben, die von dem Lehrer/der Lehrerin an der Tafel notiert werden. Anschließend legt der Lehrer/die Lehrerin mit den Personalpronomen-Karten eine Straße mit 6 Stationen. Sie/er wählt nun als Beispiel ein Verb aus und konjugiert dieses bei jedem Schritt. (Bei der 3. Person Singular bleibt sie/er stehen, bis alle 3 Formen genannt worden sind: er, sie, es).
Nun darf das erste Kind starten, sich ein an der Tafel stehendes Verb aussuchen und es auf die gleiche Weise konjugieren. Klappt das Konjugieren flüssig, so geht das Kind die „Straße" noch einmal entlang und wird von dem Lehrer/der Lehrerin (später von einem Kind) mit der Trommel begleitet. Alle können dabei mitsprechen und -klatschen.

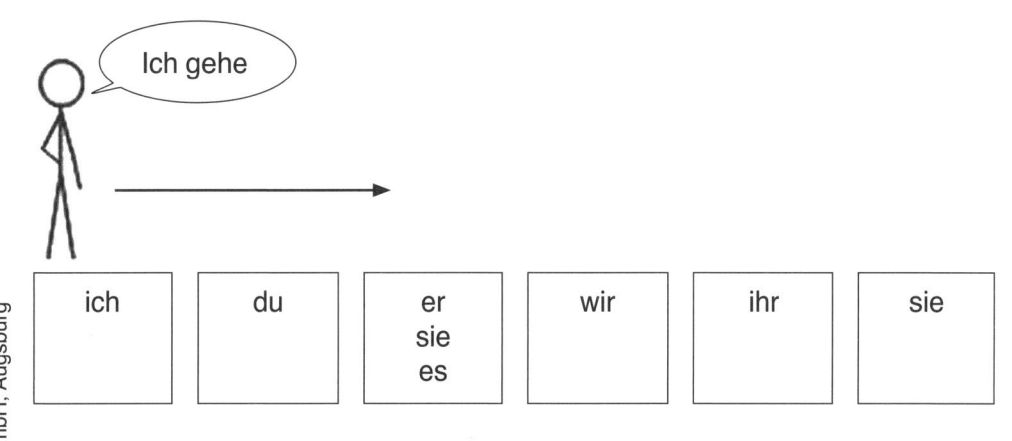

ich	du	er / sie / es	wir	ihr	sie

(Strichmännchen mit Sprechblase: „Ich gehe")

„Verbenstraße" in verschiedenen Zeitformen (Erweiterung der Übungseinheit 8)

Übungseinheit 9

Sprachliche und rhythmische Ziele:

- Verben in verschiedenen Zeitformen in Partnerspielen konjugieren lernen (hier: Präsens und Präteritum)
- durch rhythmisches Spiel Sicherheit in den verschiedenen Zeitformen gewinnen
- sich konzentrieren können und aufeinander reagieren
- Gefühl für den Rhythmus der Sprache entwickeln

Material/Medien:

- je nach den zu behandelnden Tempora (Zeitformen) 2 bis 4 „Verbenstraßen" (laminierte, mit Personalpronomen beschriftete verschiedenfarbige Karten **(4)**)
- Handtrommel
- evtl. chinesische Essstäbchen **(2)**

Vorbereitung:

Zur Vorbereitung sammeln der Lehrer/die Lehrerin und die Kinder erneut zweisilbige Verben und notieren diese an der Tafel. Aus den laminierten Karten mit den Personalpronomen werden zwei „Verbenstraßen" in verschiedenen Farben (z. B. grün für die Gegenwart, rot für die Vergangenheit) ausgelegt.

Spielverlauf:

Die Kinder gehen als Partner die Straße folgendermaßen entlang: Das erste Kind spricht beim ersten Schritt zur Station eins z. B.: Ich gehe. Der Partner oder die Partnerin folgt ihm/ihr auf der parallelen „Präteritum-Verbenstraße" und spricht bei seinem/ihrem Schritt: Ich ging. So gehen beide bis zum Ende der Straßen. Sie haben jetzt das Verb gehen im Präsens und im Präteritum konjugiert. Nun folgen zwei weitere Kinder, die ein neues Verb konjugieren. Auf diese Weise wird das Spiel fortgesetzt.

Im Anschluss an dieses Spiel erhalten zwei Kinder den Auftrag, mit einem selbst gewählten Verb die „Präsens-" und die „Präteritum-Verbenstraße" rhythmisch sprechend zu durchwandern. Hierbei soll die Vergangenheitsform wie ein Echo zur Gegenwartsform gesprochen werden. Das Sprechen wird von einem gleichbleibenden Metrum **(6)** begleitet. Die Begleitung übernehmen die zuhörenden Kinder durch Klatschen oder durch das Spiel mit chinesischen Essstäbchen. (Dieses rhythmische Sprechen setzt schon ein großes Maß an Übung voraus.)

Ich gehe

| ich | du | er sie es | wir | ihr | sie |

Ich ging

| ich | du | er sie es | wir | ihr | sie |

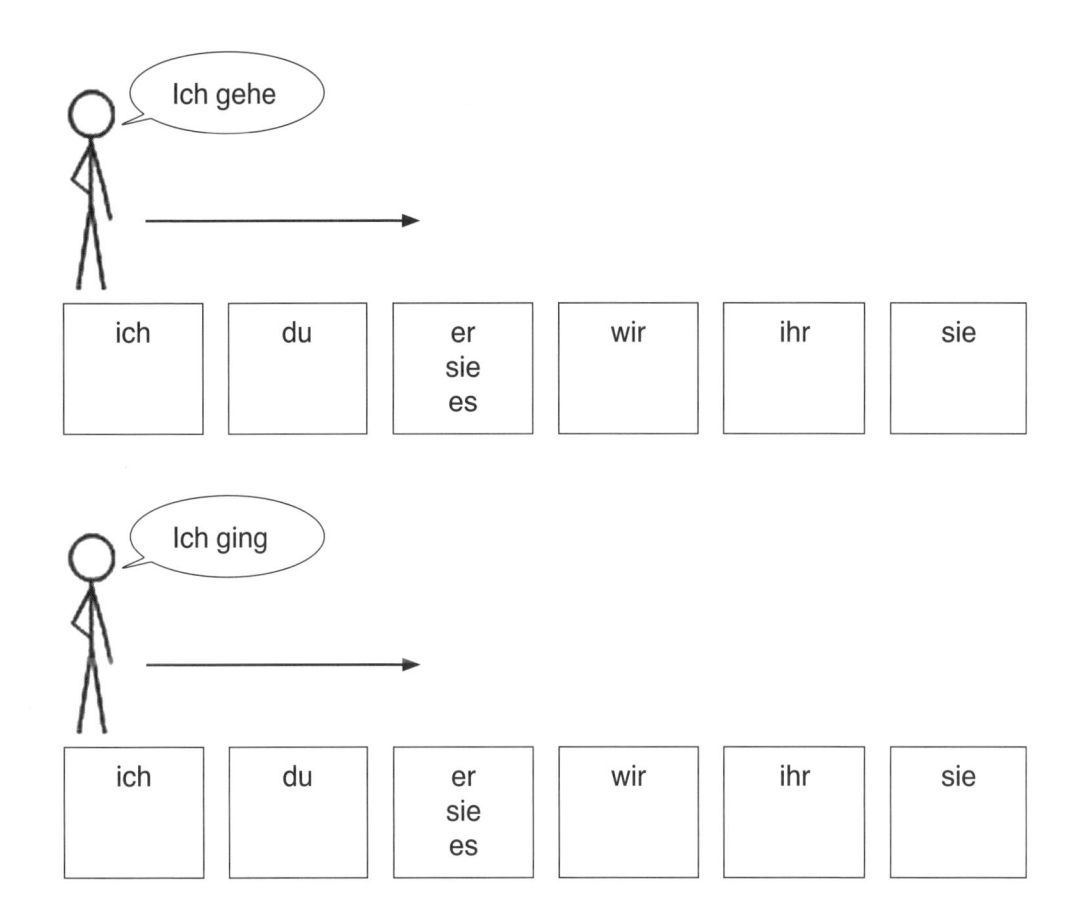

In einer Erweiterung des Spiels kann eine dritte Zeitform hinzugefügt werden, z. B. das Perfekt (ich bin gegangen).

Anziehen und Abstoßen: „Magnetische Begegnungen" zwischen Personalpronomen und Verben

Übungseinheit 10

Sprachliche und rhythmische Ziele:

- feststellen, dass bestimmte Verbformen entsprechende Personalpronomen erfordern
- Sicherheit im Umgang mit Personalformen des Verbs/finiten Verbformen gewinnen
- das Ende von musikalischen Phrasen **(8)** abschätzen und entsprechend reagieren können

Material/Medien:

- je eine Karte für die Personalpronomen: ich, du, er/sie/es, wir, ihr, sie (Karten für 6 Kinder; s. Kopiervorlage 1 zur Übungseinheit 5)
- Karten mit gebeugten Verben entsprechend der Anzahl der übrigen teilnehmenden Kinder (Kopiervorlagen 1–3 zur Übungseinheit 10 oder mit wasserlöslichem Folienstift beschriftete Blankokarten: Wörter **(5)**)
- Instrument zum Improvisieren (Melodieinstrument oder Trommel)

Vorbereitung:

Jedes Kind bekommt eine Karte, auf der entweder ein Personalpronomen (bei der 3. Person Singular alle drei Personalpronomen) oder ein konjugiertes Verb steht.

Spielverlauf:

Der Lehrer/die Lehrerin improvisiert auf der Trommel oder auf einem Melodieinstrument eine Musik zum Gehen. Die Kinder gehen dabei im Klassenraum umher. Beim Musikstopp bilden nahe beieinanderstehende Kinder ein Paar. Sie überprüfen, ob ihre beiden Karten zusammenpassen. Ist dies der Fall (ein Kind hat z. B. „ich", das andere „laufe"), rufen sie „magnetisch". Die Paare, bei denen das nicht der Fall ist, setzen sich. Alle Kinder überprüfen anschließend, ob die Kartenkombination wirklich richtig war. Das Spiel beginnt von Neuem. Nach einigen Durchgängen werden sich die Kinder merken können, welches Kind welche Karte hat, und dann bewusst den richtigen Partner suchen. (Ist der Klassenraum klein, kann die Gruppe geteilt werden. Die Gruppe, die gerade nicht in Bewegung ist, darf dann mit dem Lehrer/der Lehrerin „musizieren".)

Wenn noch genügend Spielfreude vorhanden ist, gibt der Lehrer/die Lehrerin den Auftrag, während der nächsten Musik die Karten mehrmals mit dem entgegenkommenden Kind zu tauschen. Auf diese Weise werden die Karten gründlich durchgemischt.

Dieses Spiel kann variiert werden, indem verschiedene Zeitformen der Verben als Kombinationsmöglichkeiten dienen.

Adjektive steigern

Übungseinheit 11

Sprachliche und rhythmische Ziele:

- Steigerungsformen von Adjektiven trainieren
- rücksichtsvoll miteinander kooperieren

Material/Medien:

- 3 Markierungspunkte zur Visualisierung der Vergleichsstufen (z. B. Grundstufe grün, Mehr-/Höherstufe blau, Meist-/Höchststufe rot; laminierte Farbkarten **(4)**)
- Stapel mit unterschiedlichen Adjektiven verschiedener Vergleichsstufen, wobei jedes Adjektiv nur einmal vorhanden ist (z. B. besser, hoch, am schönsten, …; Kopiervorlagen 1–2 zur Übungseinheit 11)
- Sprechvers zur Handlungsaufforderung:

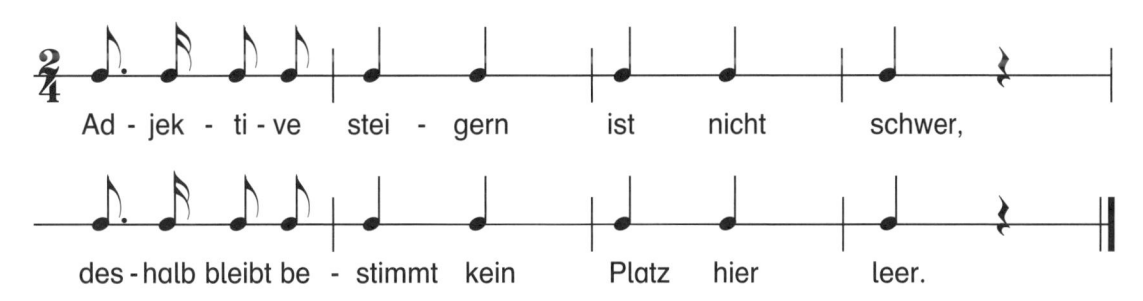

Ad - jek - ti - ve stei - gern ist nicht schwer,
des - halb bleibt be - stimmt kein Platz hier leer.

Vorbereitung:

In der Mitte des Kreises liegt ein Stapel mit unterschiedlichen Adjektiven in den verschiedenen Vergleichsstufen. Am Kreisrand werden drei Punkte nebeneinander mit den laminierten Karten für die Vergleichsstufen farbig markiert.

Spielverlauf:

Der Lehrer/die Lehrerin beginnt mit dem rhythmischen Sprechvers, den die Kinder im Verlauf des Spieles schnell mitsprechen können. Am Ende des Verses darf ein Kind vom Kartenstapel eine Karte ziehen, z. B. „schneller". Es stellt sich auf den entsprechend markierten Platz (hier blau) und benennt das Wort. Zwei andere Kinder dürfen sich nun auf die beiden verbleibenden freien Plätze stellen. Die Vergleichsstufe (Positiv, Komparativ oder Superlativ) kann evtl. auch noch durch die Körperhaltung des Kindes sichtbar gemacht werden. Hierbei sind der Phantasie keine Grenzen gesetzt. Nun benennen die drei Kinder nacheinander noch einmal das Adjektiv in seinen drei Vergleichsstufen:

schnell — schneller — am schnellsten

Danach wird die gezogene Karte beim blauen Markierungspunkt abgelegt.
Das Kartenziehen und das Aufstellen der Partner auf die freien Plätze erfolgen rücksichtsvoll. Merkt ein Kind, dass ein anderes schon vor ihm beim Kartenstapel oder näher an einem freien Platz war, wartet es bis zu einem der nächsten Durchgänge.
Dem Spiel kann eine schriftliche Arbeit folgen, bei der die Kinder die vorgegebenen Adjektive in allen drei Vergleichsstufen aufschreiben.

Wortfamilien: Verwandtschaften und Gemeinsamkeiten

Übungseinheit 12

Sprachliche und rhythmische Ziele:

- sprachliche Verwandtschaften bei Wortfamilien bewusst wahrnehmen
- den gleichen Wortstamm als Gemeinsamkeit (als „Familiennamen") entdecken
- deutliches Sprechen üben (flüstern)
- Merkfähigkeit trainieren
- Reaktionsfähigkeit in Verbindung mit Rücksichtnahme schulen

Material/Medien:

- Wortkarten mit Verben, zu denen Wortfamilien gebildet werden sollen (Kopiervorlage und Arbeitsblatt zur Übungseinheit 12)
- Handtrommel

Vorbereitung:

In der Mitte des Raumes liegen Karten mit Verben auf einem Stapel bereit.

Spielverlauf:

Ein Kind nimmt die erste Karte und liest das Verb laut vor. Es hockt sich in die Mitte des Raumes. Ein anderes Kind spielt auf der Trommel eine beliebige Trommelmusik. Alle anderen bewegen sich dazu in einem möglichst weiten Kreis um das in der Mitte hockende Kind. Stoppt die Trommelmusik, darf eines der Kinder dem in der Mitte sitzenden Kind ein verwandtes Wort aus der zugehörigen Wortfamilie ins Ohr flüstern.

Die Kinder nehmen Rücksicht aufeinander, denn nur jeweils ein Kind darf ein Wort flüstern. Merkt ein Kind, dass schon ein anderes vor ihm flüstern wollte, wartet es bis zur nächsten Runde. Wenn kein weiteres Wort mehr gefunden wird, nennt das Kind in der Mitte alle Wörter, die es sich merken konnte. Diese werden an der Tafel notiert und können von den Kindern um weitere Wörter aus der Wortfamilie ergänzt werden. Das Spiel beginnt mit einem neuen Wort und einem neuen „Trommelkind".

Nach dem Spiel können die Kinder mithilfe der Wortsammlung an der Tafel in ihrem Heft und/oder den Wortfamilien auf dem Arbeitsblatt zur Übungseinheit 12 schriftlich Sätze bilden.

Rhythmisches Wortfelderquartett – bewegt zusammengesetzt

Übungseinheit 13

Sprachliche und rhythmische Ziele:

- Wortschatz erweitern
- auf das Ende von musikalischen Phrasen **(8)** reagieren
- Merkfähigkeit schulen
- Rücksichtnahme und Selbstbewusstsein entwickeln

Material/Medien:

- Musik zum Gehen
- Karten mit Wortfeldern (pro Wortfeld 4 Karten; Kopiervorlagen 1–8 zur Übungseinheit 13)
- Arbeitsblatt zur Übungseinheit 13
- Handtrommel

Vorbereitung:

Vier Kartenstapel liegen im Raum verteilt. In der Mitte des Kreises sitzt ein „Kartenwächter".

Spielverlauf:

Die Kinder gehen zur Trommelimprovisation des Lehrers/der Lehrerin durch den Raum. Beim Musikstopp dürfen sich 4 Kinder vor je einen Kartenstapel hocken. Nacheinander werden die oberen Karten aufgenommen und vorgelesen. Passen Karten zusammen, werden sie dem „Kartenwächter" gegeben. Dieser legt sie sichtbar vor sich ab. Nicht zueinanderpassende Karten werden wieder unter den jeweiligen Kartenstapel gelegt. Mehrere Durchgänge folgen, bei denen neue Karten gezogen werden. Merkt ein Kind, dass neu gezogene Karten zu den schon beim „Kartenwächter" abgegebenen passen und ein Wortfelderquartett vollständig ist, ruft es laut „Quartett" und liefert die 4 Karten beim „Kartenwächter" ab. Dieser liest das Quartett vor und alle kontrollieren, ob es sich wirklich um ein vollständiges Quartett eines Wortfeldes handelt. Ist dies nicht der Fall, müssen die schon gesammelten Karten der Wortfamilie wieder unter die Kartenstapel gelegt werden.

Im Anschluss an das Spiel können die Kinder das Arbeitsblatt zur Übungseinheit 13 bearbeiten.

Rechtschreiben: Weiche und harte Konsonanten (g–k, b–p, d–t)

Übungseinheit 14

Sprachliche und rhythmische Ziele:

- die Schreibweise von Wörtern mit hart klingendem Auslaut üben
- die Schreibweise begründen können (Verlängerungsprobe) und so Rechtschreibstrategien entwickeln
- Rücksichtnahme üben
- auf Klänge reagieren

Material/Medien:

- zwei unterschiedlich klingende Instrumente: ein hart klingendes Instrument (z. B. Claves = Klanghölzer) und ein weich klingendes Instrument (z. B. ein Metallophon in pentatonischer Reihe **(3)** mit weichem Schlägel)
- Handtrommel oder Melodieinstrument zur Improvisation für den Lehrer/die Lehrerin
- Wortkarten, bei denen die Kinder zwischen Alternativen wählen müssen (Kopiervorlagen 1–3 zur Übungseinheit 14), z. B.:

| We - g/k | (siehe Kopiervorlage 1 zur Übungseinheit 14)

Vorbereitung:

Bei ungeübten Klassen empfiehlt es sich als Einstieg, Bewegungsformen zu harten und weichen Klängen zu entwickeln (z. B. entsprechen weichen Klängen schwebende, schleichende, wiegende, ... Bewegungen; harten Klängen entsprechen ruckartige, plötzliche, kurze, stampfende, hüpfende, klatschende, ... Bewegungen).
Vor dem Beginn des Spiels werden an einer Raumseite oder im Kreis Claves ausgelegt und ein Metallophon bereitgestellt. In der Mitte des Raumes liegt ein Kartenstapel mit Wörtern, die mit den o. a. Buchstaben (g/k, b/p, d/t) enden.

Spielverlauf:

Die Kinder gehen zur Musikimprovisation der Lehrerin/des Lehrers im Raum umher. Beim Musikstopp (möglichst nach gleich langen Phrasen **(8)**) nimmt ein Kind eine Karte von dem Stapel, zeigt sie allen und liest sie vor – z. B. Weg. Mit dieser Karte begibt sich das Kind zum Metallophon und lässt es erklingen (weicher Klang). Die Gruppe bewegt sich nun zu den weichen Klängen. Wählt das Kind fälschlicherweise das hart klingende Instrument, bewegen sich die Kinder **nicht** zu dieser Begleitung und bleiben stehen. Es muss nun geklärt werden, warum das Wort mit g und nicht mit k geschrieben wird (Verlängerungsprobe). Danach darf das Kind zum anderen Instrument gehen, und die Gruppe macht zu den weichen Klängen Bewegungen. Mehrere Durchgänge folgen.

Die Karten können auch für eine Schreibübung genutzt werden (Schleichdiktat **(7)** o. Ä.).

„Rhythmisches" Dehnungs-h

Übungseinheit 15

Sprachliche und rhythmische Ziele:

- Wörter mit Dehnungs-h üben
- Wortschatz erweitern
- Satzbildung üben, grammatikalisches Bewusstsein schulen
- Rücksichtnahme und Selbstbewusstsein trainieren

Material/Medien:

- Karten mit den Buchstaben-Bausteinen eh, öh, oh, ah, äh, üh, uh (jeweils in mehrfacher Anzahl entsprechend den vorbereiteten Wortkarten; Kopiervorlage 4 zur Übungseinheit 15)
- laminierte Wortkärtchen mit fehlendem Binnenlaut: oh, ah, eh, öh, ...
  (z. B. F__ne, S__ne, S__n; Kopiervorlagen 1–3 zur Übungseinheit 15)
- rhythmischer Sprechvers:

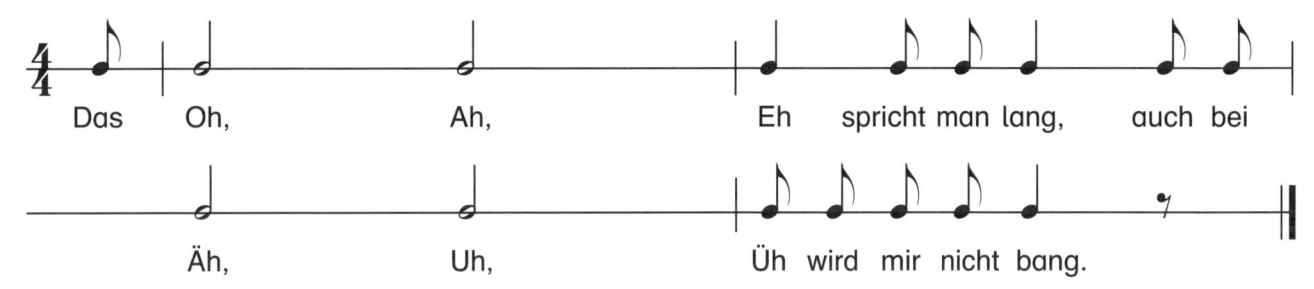

```
4/4 | Das Oh,    Ah,     | Eh spricht man lang,   auch bei |
    | Äh,        Uh,     | Üh wird mir nicht bang. |
```

Vorbereitung:

In der Kreismitte befinden sich die aufgestapelten Wortkarten mit den fehlenden Binnenlauten – die sichtbare Wortseite zeigt dabei nach oben. Um den Kartenstapel herum werden mehrere Buchstaben-Bausteine (oh, ah, ...) gelegt.

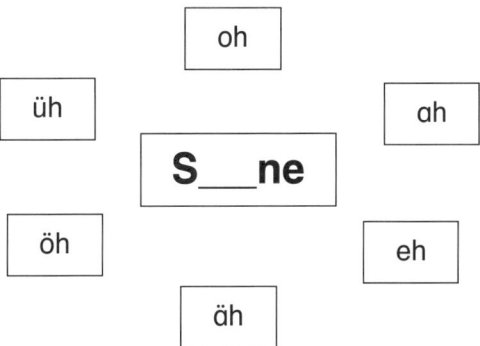

```
            oh
    üh            ah
         S___ne
    öh            eh
            äh
```

Spielverlauf:

Die Kinder sitzen im Stuhlkreis. Der Lehrer/die Lehrerin spricht den rhythmischen Vers, den die Kinder nach einigen Durchgängen mitsprechen können. Am Ende des Verses darf ein Kind die oberste Wortkarte vom Stapel nehmen und dazu eine Karte mit einem passenden Binnenlaut hochhalten (im vorliegenden Beispiel ergeben sich mindestens zwei Möglichkeiten: S__ne + ah = Sahne oder S__ne + öh = Söhne. Mehrfachmöglichkeiten wurden in der Kopiervorlage berücksichtigt). Mit dem so entstandenen Wort bildet das Kind einen Satz. Die Karten werden an einem verabredeten Platz abgelegt. Weitere Durchgänge folgen, bis der mittlere Stapel aufgebraucht ist. Im Laufe des Spieles können die Kinder darauf aufmerksam gemacht werden, dass sie bei der Bildung von Sätzen die Möglichkeit haben, unterschiedliche Satzbaupläne anzuwenden und auch umfangreichere Sätze zu bilden. Das wird vor allem dann notwendig werden, wenn die Kinder nur ein Muster verwenden wie etwa: Die Fahne ist bunt. Der Hahn ist laut. Der Sohn ist jung. Die Sahne ist sauer ...

Im Anschluss an das Spiel können die Kinder mit den gefundenen Wörtern schriftlich Sätze bilden.

Die Endungen -lich und -ig

Übungseinheit 16

Sprachliche und rhythmische Ziele:

- unterschiedliche Schreibweisen der Endsilben -ig und -lich wahrnehmen und durch Verlängerungsprobe begründen
- lernen, dass Wörter mit -ig anders getrennt werden als die mit der Endung -lich
- Silbentrennung durch rhythmisches Sprechen und Klatschen erfahrbar machen
- Sicherheit in der Entscheidungsfindung gewinnen

Material/Medien:

- Karten mit den Endungen -ig und -lich zum Umhängen (Kopiervorlage 1 zur Übungseinheit 16)
- Wortkarten ohne die Endungen -ig und -lich (Kopiervorlagen 2–3 zur Übungseinheit 16)

- **rhythmischer Spruch zu den Endungen:**

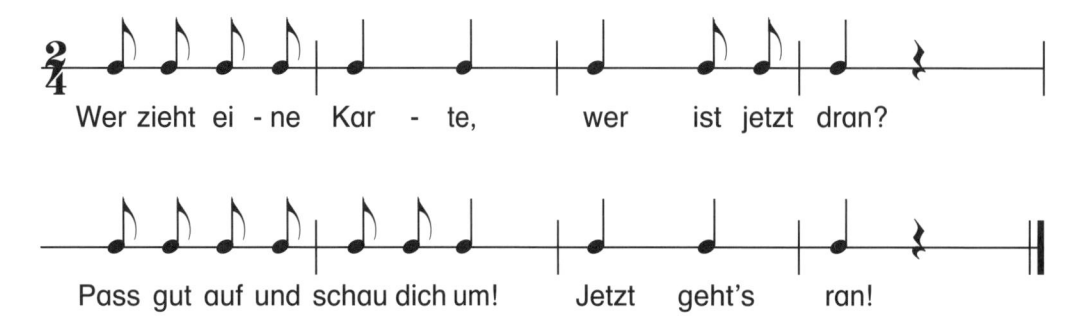

    Wer zieht ei - ne Kar - te, wer ist jetzt dran?
    Pass gut auf und schau dich um! Jetzt geht's ran!

- **rhythmischer „Entscheidungsspruch":**

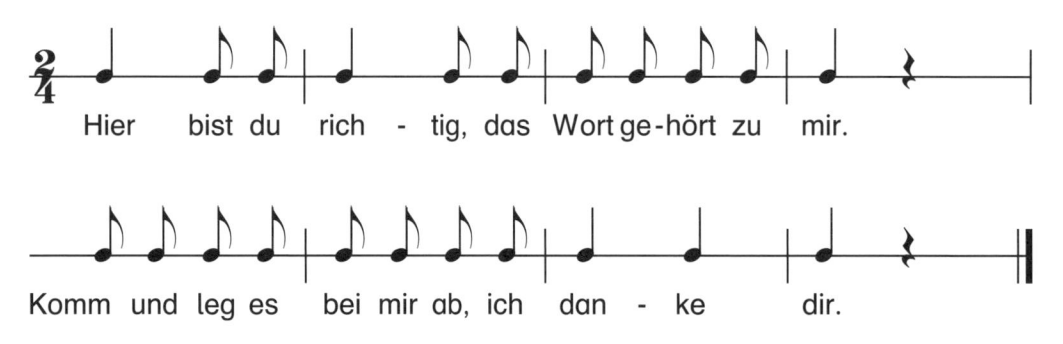

    Hier bist du rich - tig, das Wort ge-hört zu mir.
    Komm und leg es bei mir ab, ich dan - ke dir.

    oder:

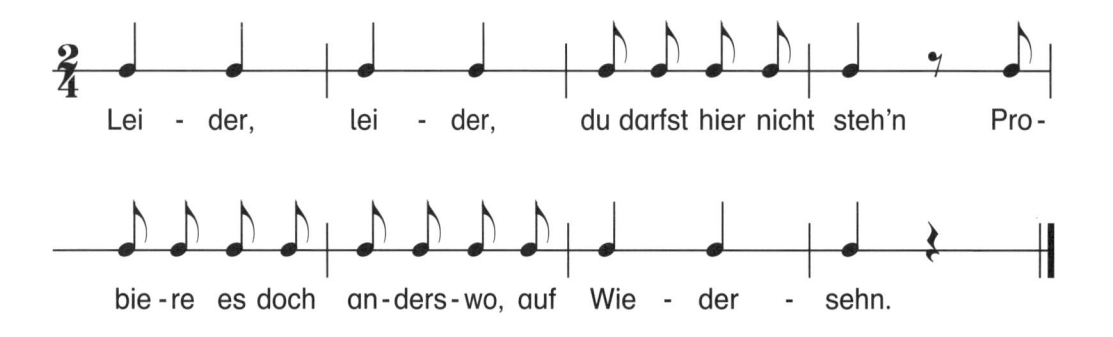

    Lei - der, lei - der, du darfst hier nicht steh'n Pro-
    bie - re es doch an - ders - wo, auf Wie - der - sehn.

Vorbereitung:

In der Mitte des Kreises liegt verdeckt der Stapel mit den Wortkarten.
Zwei Kinder sitzen im Kreis. Eines hat sich eine Karte mit der Endung -ig umgehängt, ein anderes die Karte mit der Endung -lich.

Spielverlauf:

Alle lernen zunächst die Verse der „Endungskinder" durch Vor- und Nachsprechen. Der rhythmische Vers „Wer zieht eine Karte" wird von dem Lehrer/der Lehrerin vorgesprochen und im Verlauf des Spieles durch die Wiederholungen gelernt. Am Ende des Spruches darf ein Kind eine Karte ziehen. (Rücksichtsvoll wird darauf geachtet, ob kein anderes Kind zuerst am Stapel war.) Das Kind liest die Karte vor und stellt sich zu einem der „Endungskinder". Die Kinder im Sitzkreis entscheiden durch den entsprechenden „Entscheidungsspruch", ob das Wort der richtigen Endsilbe zugeordnet wurde. Bei Unklarheit werden die Kinder zur Verlängerungsprobe aufgefordert. Anschließend wird die Wortkarte bei dem „Endungskind" abgelegt.
Wenn alle Wortkarten zugeordnet worden sind, werden die Wörter nach Silben rhythmisch gesprochen und geklatscht. Dabei wird deutlich, dass die Endsilbe -lich immer allein abgetrennt wird im Gegensatz zur Endsilbe -ig.

Wörterzauber: Aus Verben/Adjektiven werden Nomen (Wortspiel mit Endungen)

Übungseinheit 17

Sprachliche und rhythmische Ziele:

- Wörter bilden: Verben und Adjektive in Nomen verwandeln
- Wortschatz erweitern
- Satzbildung üben
- Merkfähigkeit schulen

Material/Medien:

- Karten mit Verben oder Adjektiven (Kopiervorlagen 1–4 zur Übungseinheit 17)
- Karten mit den Endungen -heit, -keit, -ung (Kopiervorlagen 5–6 zur Übungseinheit 17)
- vorbereitetes Tafelbild: Tabellen mit den Endungen -heit, -keit, -ung
- Melodieinstrument oder Handtrommel für die Improvisation

Vorbereitung:

Alle Kinder stehen im Raum verteilt. Drei Kinder sind „Endungskinder". Sie tragen die Endsilbe -heit, -keit oder -ung in der Hand. Im Raum liegen 3 Stapel mit Verben oder Adjektiven.

Spielverlauf:

Zu einer Melodie- oder Rhythmusimprovisation bewegen sich alle Kinder frei im Raum. Die „Endungskinder" halten am Ende der Improvisation ihre Karte sichtbar hoch. Gleichzeitig nehmen drei Kinder von je einem Wörterstapel eine Karte und ordnen sie den „Endungskindern" zu. Nacheinander sprechen die drei Kinder ihr Zauberwort: „Aus wohnen zaubere ich Wohnung" usw. Anschließend wird die Wortkarte an der Tafel unter der entsprechenden Endung angeheftet. Dann beginnt der nächste Durchgang mit einer Melodie- oder Rhythmusimprovisation. Dabei übergeben die „Endungskinder" ihre Karten einem anderen Kind.

Nach dem Spiel können die neuen „gezauberten" Wörter von der Tafel tabellarisch ins Heft übertragen werden. Hierbei wird deutlich, dass die Endsilben -ung, -heit- und -keit Verben und Adjektive zu Nomen „verzaubern". Diese werden jetzt großgeschrieben.

Oberbegriffe (I) Übungseinheit 18

Sprachliche und rhythmische Ziele:

- sinnverwandte Begriffe erkennen und sortieren
- Rücksichtnahme und Selbstbewusstsein schulen

Material/Medien:

- (laminierte) Karten mit Oberbegriffen (Kopiervorlagen 4–6 zur Übungseinheit 18)
- Arbeitsblatt zur Übungseinheit 18
- Melodie- oder Rhythmusinstrument zur Improvisation

Vorbereitung:

In der Anzahl der Klassenstärke liegen auf dem Boden verteilt aufgedeckt Karten mit Oberbegriffen. Die Oberbegriffe sollten möglichst doppelt vorkommen.

Spielverlauf:

Die Kinder gehen zu einem Rhythmus frei im Raum um die auf dem Boden liegenden Karten. Am Ende der Musik soll jeder Kartenplatz von einem Kind besetzt werden. Nacheinander nennen die Kinder ein Wort zu ihrem Oberbegriff. Sie sprechen dabei z. B.: „Die Rose ist eine Blume." Es wird gemeinsam kontrolliert, ob der Begriff passt. Die nächste Runde beginnt.

Nach dem Spiel können an der Tafel aus dem Gedächtnis die Wörter zu den Oberbegriffen gesammelt werden. Im Anschluss daran bearbeiten die Kinder das Arbeitsblatt zur Übungseinheit 18.

Oberbegriffe (II)

Übungseinheit 19

Sprachliche und rhythmische Ziele:

- Wortschatzerweiterung
- Satzbildung üben
- schnelles Reaktionsvermögen schulen
- Zeit abschätzen lernen
- Rücksichtnahme trainieren und Selbstbewusstsein stärken

Material/Medien:

- Karten mit Oberbegriffen (Kopiervorlagen 4–5 zur Übungseinheit 19)
- Wortkarten, die zu den Oberbegriffen passen (Kopiervorlagen 1–4 zur Übungseinheit 19)

Vorbereitung:

Sichtbar verteilt liegen im Kreis vorbereitete Wortkarten mit den Oberbegriffen. Die anderen Wortkarten liegen auf einem Stapel in der Mitte des Stuhlkreises.

Spielverlauf:

Der Lehrer/die Lehrerin spielt zunächst eine bestimmte Rhythmusfolge[1] vor, damit die Kinder ein Gespür für die Länge dieser Folge entwickeln können. Diese Folge muss in ihrer Dauer so gestaltet sein, dass ein Kind zum Kartenstapel gehen, eine Karte ziehen, diese laut vorlesen und zum betreffenden Oberbegriff legen kann. Bei dieser Übung kommt es also darauf an, den Arbeitsauftrag innerhalb einer vorgegebenen Zeit zu erfüllen. Am Zielort angekommen, sagt das Kind z. B.: „Das Wort Sonne gehört zum Wetter." Der Wettlauf mit der Zeit wird so lange fortgesetzt, bis alle Wortkarten zugeordnet sind.

Die Wortkarten mit den Oberbegriffen werden an der Tafel befestigt und die Kinder bilden schriftlich Sätze, wie sie bereits mündlich beim Spiel formuliert wurden, z. B.: „Die Sonne gehört zum Wetter. Die Rose ist eine Blume …" Es soll zu jedem Oberbegriff wenigstens ein Satz mit einem passenden Unterbegriff gebildet werden.

---

[1] Beispiele gibt es in den „Erläuterungen und Hilfen zum Gebrauch".

Wörtliche Rede und Begleitsätze (I) — Übungseinheit 20

Sprachliche und rhythmische Ziele:

- richtige Anwendung der Redezeichen üben
- Begleitsätze richtig zuordnen
- rücksichtsvolles Verhalten schulen und Selbstbewusstsein stärken

Material/Medien:

- Karten mit Satzzeichen (Anführungszeichen, Punkt, Doppelpunkt, Komma, Fragezeichen, Ausrufezeichen; Kopiervorlagen 1–5 zur Übungseinheit 20)
- Streifen mit Begleitsätzen und Streifen mit wörtlicher Rede (Kopiervorlagen 6–9 zur Übungseinheit 20)
- Handtrommel oder Melodieinstrument zum Improvisieren

Vorbereitung:

Die Satzstreifen liegen einzeln und gut lesbar im Raum oder im Stuhlkreis. Der Lehrer/die Lehrerin hält eine Reihe unterschiedlicher Satzzeichen bereit (s. o.).

Spielverlauf:

Die Kinder gehen zu einer Musik im Raum umher. Beim Musikstopp darf jedes Kind einen Satzstreifen mit einem Begleitsatz oder einer wörtlichen Rede aufheben und dann einen passenden Partner suchen. Während der nächsten Musik werden die Satzstreifen wieder abgelegt. Stoppt die Musik, wird ein neuer Streifen aufgehoben und erneut ein Partner gesucht.

Nach einigen Durchgängen werden die gefundenen Streifenpaare in den Sitzkreis gelegt. Der Lehrer/die Lehrerin legt die laminierten Satzzeichen geordnet bereit. Jetzt wird ein kurzer Rhythmus gespielt. Der Musikstopp bedeutet die Aufforderung, dass zwei Kinder den ersten Begleitsatz und die dazugehörige wörtliche Rede mit den richtigen Satzzeichen versehen. Ein neuer kurzer Rhythmus leitet den nächsten Durchgang ein. Nach jedem Durchgang wird das Ergebnis kontrolliert.

Auch bei dieser Übung geht es u. a. wieder darum, beim Wechsel der Kinder ein rücksichtsvolles Verhalten zu schulen.

Wörtliche Rede (II) — Übungseinheit 21

Sprachliche und rhythmische Ziele:

- Muster für die Satzbildung einüben
- das Anwenden der wörtlichen Rede üben
- die richtige Platzierung der Satzzeichen innerhalb der wörtlichen Rede festigen
- den Sprechvers als Sammlung und Handlungsaufforderung erleben
- durch bewegtes Handeln Satzbaupläne der wörtlichen Rede „begreifbar" aufbauen

Material/Medien:

- laminierte Karten mit Redezeichen, Satzzeichen (Kopiervorlagen 1–5 zur Übungseinheit 20)
- zwei verschiedenfarbige Platzhalter (Pappstreifen) für die wörtliche Rede (rot) und den Begleitsatz (grün)
- Sprechvers als Handlungsaufforderung:

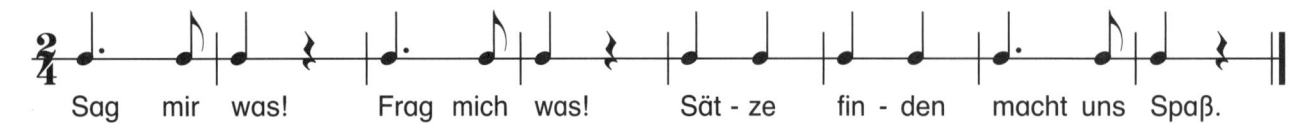

Sag mir was! Frag mich was! Sät-ze fin-den macht uns Spaß.

Vorbereitung:

In der Mitte des Sitzkreises liegt der rote Streifen mit den Anführungszeichen („_____"). Daneben liegen Karten mit den Satzzeichen sowie der grüne Streifen.

Spielverlauf:

Nach dem Sprechvers darf ein Kind aufstehen und sich eine der folgenden Möglichkeiten aussuchen:

1. Die Stellung des Begleitsatzes vorn trainieren
   - Das Kind legt den grünen Streifen vor den roten Streifen und spricht einen Begleitsatz, z. B.: Julian sagt: ...
   - Ein weiteres Kind stellt sich zwischen die Anführungszeichen und formuliert eine wörtliche Rede, z. B.: „Heute habe ich gut geschlafen."
   - Ein drittes Kind legt die Karten mit den richtigen Satzzeichen an die entsprechende Stelle (in diesem Fall Doppelpunkt und Punkt).
   - Das entstandene „Bodenbild" wird kontrolliert (_____: „_____.").

2. Die Stellung des Begleitsatzes hinten trainieren
   - Das Kind stellt sich hinter den roten Streifen und formuliert eine wörtliche Rede, z. B.: „Möchtest du mit mir spielen?"
   - Ein weiteres Kind stellt sich mit dem grünen Streifen daneben und ergänzt einen Begleitsatz, z. B.: ... fragt Kevin.
   - Ein drittes Kind legt wieder die Karten mit den entsprechenden Satzzeichen an die richtige Stelle.
   - Das entstandene „Bodenbild" wird kontrolliert („_____?", _____.).

Silbentrennung (I) — Übungseinheit 22

Sprachliche und rhythmische Ziele:

- Trennung von Wörtern nach Silben üben
- Wort- und Sprachrhythmus bewegt erleben

Material/Medien:

- Karten mit zwei- bis viersilbigen Wörtern (Kopiervorlage Blankokarten: Wörter **(5)**)
- Handtrommel

Vorbereitung:

Auf dem Boden verteilt liegen die ein- und mehrsilbigen Wörter. (Alternativ können auch Wörter an die Tafel geschrieben werden.)

Spielverlauf:

Der Lehrer/die Lehrerin trommelt ein gleichmäßiges Metrum **(6)**. Die Kinder gehen zum Rhythmus der Trommel im Raum umher. Während des Trommelrhythmus' und des Gehens suchen sich die Kinder jeweils ein Wort aus und sprechen es lautlos vor sich hin. Mehrsilbige Wörter sprechen sie nach Silben getrennt ebenfalls rhythmisch vor sich hin. Eventuell klatschen sie während des Gehens das Wort leise mit bzw. tippen dazu mit ihren Zeigefingern in die Handfläche.

Das Metrum verstummt, alle bleiben stehen. Nach einem kurzen rhythmischen Motiv (z. B. 2/4 ♩ ♩ | ♪♪♩) nennt der Lehrer/die Lehrerin rhythmisch, nach Silben gesprochen den Namen eines Kindes. Das Kind antwortet mit „seinem" Wort. Das Motiv klingt erneut, der nächste Kindername wird skandiert, und das Kind antwortet gleichfalls mit seinem Wort usw.

Im Anschluss daran erklingt wieder der gleichmäßige Trommelrhythmus aus der ersten Phase. Nach Silben geklatscht reihen sich in einer kleinen Sprachkette ohne Unterbrechung Kindernamen, gesprochen von dem Lehrer/der Lehrerin, und Wörter, gesprochen von den einzelnen Kindern, aneinander.

Eine Variation dieser Sprachkette entsteht, wenn die Kindergruppe das Wort des einzelnen Kindes wiederholt, bevor ein anderes Kind aufgerufen wird. Es entsteht die Reihung Lehrer/-in, Kind, Gruppe, …

Silbentrennung (II)

Übungseinheit 23

Sprachliche und rhythmische Ziele:

– Trennen von Wörtern üben
– Sprechrhythmus erfahren
– Sprechrhythmus auf das Schreiben von Wörtern übertragen

Material/Medien:

– Wortkarten, bei denen die einzelnen Buchstaben einen möglichst großen Abstand zueinander haben (g e h e n). Die Wortkarten können aus dem Grundwortschatz, der Wortkartei oder einem aktuellen Text entnommen werden (Kopiervorlage Blankokarten: Wörter **(5)**)
– dünne Pappstreifen (selbst geschnitten) zum Wörtertrennen
– Handtrommel
– Sprechvers:

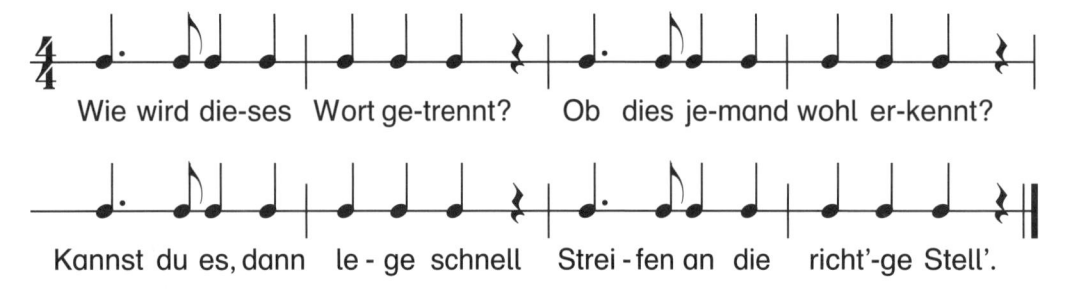

> Wie wird dieses Wort getrennt? Ob dies jemand wohl erkennt?
> Kannst du es, dann lege schnell Streifen an die richt'ge Stell'.

Vorbereitung:

Im Sitzkreis verteilt liegen ein- oder mehrsilbige Wörter. Außerdem liegen die dünnen Streifen zum Wörtertrennen bereit.

Spielverlauf:

Der Lehrer/die Lehrerin spricht den Vers vor und fordert die Kinder dann auf, ihn mitzusprechen. Währenddessen entscheidet sich jedes Kind in Gedanken für ein Wort aus der Kreismitte. Am Ende des Sprechverses darf ein Kind zu „seinem" Wort gehen, dieses vorsprechen und der Silbentrennung entsprechend dazu klatschen. Anschließend legt es den/die Trennungsstreifen. Alle Kinder wiederholen das Wort und begleiten ihr Sprechen durch Klatschen. Der Sprechvers wird nun von Neuem aufgesagt. Danach beginnt der nächste Durchgang. Merkt ein Kind, dass jemand schon vor ihm bei den Wörtern ist, wartet es bis zum nächsten Durchgang.

Die Karten können für eine schriftliche Übung genutzt werden.

Beispiel: Wort mit gelegtem Trennungsstreifen

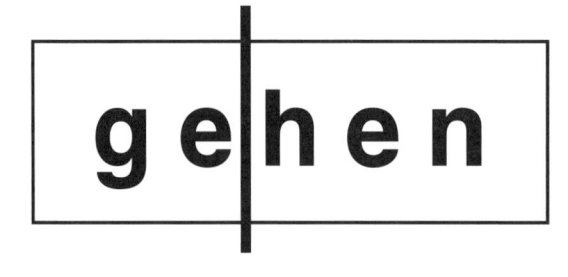

ge|hen

Adjektive: Finde das Gegenteil (rhythmisches Memory)

Übungseinheit 24

Sprachliche und rhythmische Ziele:

- Wortschatz erweitern
- das Spannungsverhältnis gegensätzlicher Adjektive bewusst wahrnehmen
- Merkfähigkeit trainieren
- den Aufforderungscharakter des Sprechverses umsetzen

Material/Medien:

- laminierte Karten mit Adjektiven (Gegensatzpaare; Kopiervorlagen 1–4 zur Übungseinheit 24)
- Sprechvers zum Spiel:

2/4 Was nicht neu ist, das ist alt,

was nicht heiß ist, das ist kalt.

Zieht die ers-te oh-ne Hast,

schaut die zweite, ob sie passt.

Vorbereitung:

In der Mitte des Sitzkreises liegen zwei Stapel mit Adjektiven, aus denen Gegensatzpaare gebildet werden können. Gegenteilige Adjektivpaare dürfen dabei nicht im gleichen Stapel liegen.

Spielverlauf:

Nach dem Sprechvers ziehen zwei Kinder jeweils eine Karte von je einem der Stapel. Ein Kind beginnt z. B. zu sprechen: „Was nicht neu ist, …". Das zweite Kind ergänzt mit dem Wort auf seiner Karte: „… das ist kurz". Ist das zweite Wort zufällig das gegenteilige Adjektiv (hier: „alt"), werden die Karten als gefundenes Paar sichtbar abgelegt. Ist das Wort des zweiten Kindes kein gegenteiliges Adjektiv, wird es als Memorykarte verdeckt auf den Boden gelegt. Alle Kinder versuchen, sich die Wörter zu merken. Der nächste Durchgang beginnt erneut mit dem Sprechvers. Das Ziehen der Karten erfolgt wieder ohne Aufforderung und rücksichtsvoll. Das gelingt, weil jedes Kind sicher ist, dass es im Verlauf des Spieles an die Reihe kommt. Sind alle Karten von den beiden Kartenstapeln gezogen worden, werden nur einige wenige Karten zusammenpassen. Die restlichen Paare sollen bei dem entstandenen Memoryspiel gefunden werden.

Es ist sinnvoll, dem Spiel eine schriftliche Aufgabenstellung folgen zu lassen.

Satzglieder: Umstellprobe — Übungseinheit 25

Sprachliche und rhythmische Ziele:

- Satzglieder ordnen
- miteinander Lösungen finden
- Umstellprobe handelnd praktizieren
- erkennen, dass ein Satzglied (Prädikat) immer an der zweiten Stelle im Satz steht
- Merkfähigkeit trainieren

Material/Medien:

- Satzkarten mit unterschiedlichen Motiven, bestehend aus je vier Satzgliedern (Kopiervorlagen 1–7 zur Übungseinheit 25 oder Blankokarten: Sätze **(5)**)
- Handtrommel oder Melodieinstrument (oder Musik zum Gehen auf CD)

Vorbereitung:

Im Raum verteilt liegen Karten mit Satzgliedern, aus denen Sätze gebaut werden können. Diese Karten werden erst durch Wenden sichtbar.

Spielverlauf:

Die Kinder gehen zum Rhythmus der Handtrommel oder zu einer Musik im Raum umher. Beim Musikstopp darf jedes Kind einen Kartenstreifen aufheben. Alle Kinder, die Karten mit dem gleichen Motiv haben, bilden eine Gruppe – so entstehen Vierergruppen.
Anschließend erklingt erneut Musik. Die Kinder, die sich zu einer Gruppe zusammengefunden haben, stellen sich nun mit ihren Karten so nebeneinander auf, dass ein sinnvoller Satz entsteht. Beim Musikstopp liest jede Gruppe ihren Satz vor. Die Kinder werden aufgefordert, sich die vorgelesenen Sätze möglichst zu merken.
Während einer weiteren Musikimprovisation (Trommelrhythmus) wendet jedes Kind seine Karte um und die Karten werden mehrmals mit entgegenkommenden Kindern getauscht. Endet die Musik, finden sich die Kinder wiederum zu Gruppen zusammen und bilden einen Satz. Werden jetzt die Sätze vorgelesen, fragt der Lehrer/die Lehrerin, ob genau die gleichen Sätze entstanden sind wie im ersten Durchgang.
Es folgt ein dritter Durchgang mit der Aufgabe, andere Sätze innerhalb der jeweiligen Gruppe zu bauen. Beim Ende der Musik müssen die „Satzbauer" ihren Satz fertiggestellt haben. Die Kinder betrachten die Satzstellungen und entdecken die Bedeutung der „2" auf den Satzstreifen mit dem Prädikat: Dieser Streifen bzw. das betreffende Kind befindet sich in allen Sätzen an zweiter Stelle. Frage: Ist das ein Zufall?
Ein vierter Durchgang beginnt und endet mit der Beantwortung dieser Frage.

Die Kinder können als schriftliche Arbeit die Sätze mit den verschiedenen Stellungen der Satzglieder in ihr Heft schreiben.

Satzglieder umstellen

Übungseinheit 26

Sprachliche und rhythmische Ziele:

– Umstellen von Satzgliedern üben
– das Prädikat als Satzachse (Drehpunkt) „gehend" erfahren
– sprachliche Ausdrucksfähigkeit erweitern

Material/Medien:

– Karten mit je 4 Satzgliedern (Kopiervorlagen 1–7 zur Übungseinheit 26 oder Blankokarten: Satzglieder **(5)** für die Umsetzung eigener Ideen)
– Handtrommel
– Sprechvers:

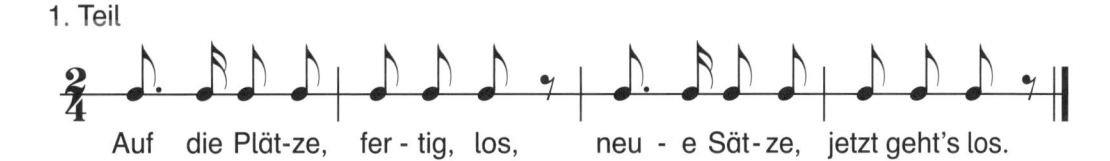

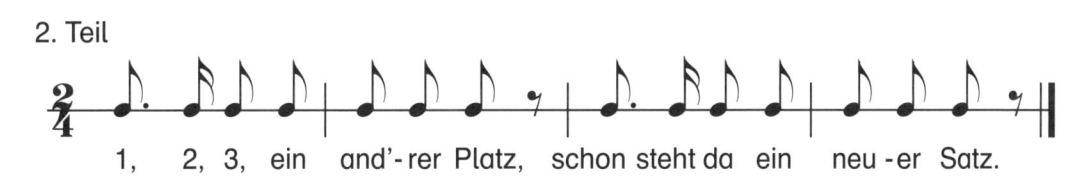

1. Teil

Auf die Plätze, fertig, los, neue Sätze, jetzt geht's los.

2. Teil

1, 2, 3, ein and'rer Platz, schon steht da ein neuer Satz.

Vorbereitung:

In der Mitte des Sitzkreises liegen nebeneinander mehrere „Satzstapel". Aus jedem Stapel kann ein Satz mit vier Satzgliedern gebaut werden.

Spielverlauf:

Nach dem Aufsagen des Verses (1. Teil) darf ein Kind in die Mitte gehen und einen Kartenstapel nehmen. Es behält ein Satzglied und verteilt die anderen drei an Kinder aus dem Kreis. Nachdem die Karten verteilt sind, spricht der Lehrer/die Lehrerin ein oder, je nachdem, auch zwei Mal den ersten Teil des Verses. Die Kinder haben jetzt so lange Zeit wie der Sprechvers dauert, um sich mit den anderen „Satzgliedern" in eine richtige Reihenfolge zu stellen. Der entstandene Satz wird vorgelesen und von allen kontrolliert.
Der Lehrer/die Lehrerin fordert nun die Kinder auf, den gebildeten Satz umzustellen. Er/sie spricht den kompletten Vers (Teil 1 und Teil 2), bis zu dessen Ende die Kinder die Satzglieder umgestellt haben sollen. Nachdem der Satz verändert wurde, besteht die Möglichkeit, diesen noch einmal umzustellen. Wer darf stehen bleiben?
Bei einem neuen Durchgang wird der nächste Satzstapel aufgehoben und verteilt. Das Spiel beginnt wie beschrieben. Der erste entstandene Satz wird vorgelesen. Die Kinder wissen, dass die Prädikatkarte (2) stehen bleiben darf. Die anderen „Satzglieder" werden aufgefordert, sich während des Sprechverses um die „2" zu drehen und einen anderen Satz zu bilden. (Die „2" ist in unserem Satz die „Satzachse", um die sich die anderen „Satzglieder" drehen.)
Ab dem dritten Satzstapel werden die Satzglieder jeweils zum Sprechvers um das Prädikat („Satzachse") gedreht.

Satzglieder beantworten Fragen | Übungseinheit 27

Sprachliche und rhythmische Ziele:

- üben, nach Satzgliedern zu fragen
- Sprachmuster einüben

Material/Medien:

- Karten mit Fragewörtern zu Satzgliedern in je vierfacher Anzahl der Schüler/-innen (Kopiervorlage 1 zur Übungseinheit 27)
- in Satzglieder unterteilte Sätze (Kopiervorlagen 2–8 zur Übungseinheit 27)
- Handtrommel
- Sprechvers:

Wer jetzt ei-ne Fra-ge weiß, kommt dann hier in uns-ren Kreis.

Wer dann weiß den Ant-wort-satz, kennt der Kar-te richt'-gen Platz.

Vorbereitung:

Im Stuhlkreis liegen Kartenstapel mit Satzgliedern, aus denen man Sätze bauen kann. Jedes Kind erhält verschiedene Karten mit Fragewörtern zu den Satzgliedern.

Spielverlauf:

Ein Kind kommt in die Mitte und baut aus einem der Stapel einen Satz. Nach dem Sprechvers darf ein neues Kind in die Mitte kommen, ein Fragewort zeigen und damit einen Fragesatz zu dem vorliegenden Satz formulieren.
Das folgende Beispiel soll den Spielverlauf verdeutlichen. Es wurde der Satz gebildet:

| ICH | SCHENKE | MEINER FREUNDIN | EINEN LUTSCHER |

Hat ein Kind z. B. die Fragekarte „Wer?", so geht es zu einem Kind im Kreis und fragt es: „Wer schenkt meiner Freundin einen Lutscher?" Dann gibt es ihm seine „Wer-Karte". Das Kind, das gefragt wurde, geht in die Mitte und antwortet: **Ich** schenke meiner Freundin einen Lutscher." Dann legt es die erhaltene „Wer-Karte" unter das Wort „Ich":

ICH	SCHENKE	MEINER FREUNDIN	EINEN LUTSCHER
Wer?	Was tut / Was geschieht?	Wem?	Wen / Was?

Das nächste Kind darf nach dem Ende des Sprechverses mit einer anderen Fragekarte eine neue Frage zu einem anderen Satzglied stellen.
Wenn alle Satzglieder „erfragt" wurden, beginnt das Spiel von Neuem mit einem neuen Satz.

„Der Subjektkönig gibt ein Fest" — Übungseinheit 28

Sprachliche und rhythmische Ziele:

- lernen, nach Satzgliedern zu fragen – die Wer-Frage stellen
- Sprachfähigkeit erweitern (fragen und antworten)
- spielerisch Übungsfreude erfahren und den Begriff Subjekt erlernen

Material/Medien:

- laminierte Karten mit vier Satzgliedern (nummeriert; Kopiervorlagen 1–8 zur Übungseinheit 28 oder Blankokarten: Satzglieder **(5)**)
- Instrument für Haltesignal (Gong o. Ä.)
- 3 bis 4 Rhythmusinstrumente
- Markierungen an bestimmten Plätzen für Satzbildungen

Vorbereitung:

Ein Kind bekommt den Gong. 3 bis 4 Kinder erhalten Rhythmusinstrumente. Alle anderen Kinder bekommen jeweils eine Karte mit einem Satzglied. Jedes Satzglied ist nummeriert.

Spielverlauf:

Der Lehrer/die Lehrerin erzählt die folgende Geschichte: Heute sind wir zu Gast beim Fest eines großen Königs. Er hat einen schwierigen Namen: Er heißt „Subjektkönig". Der „Subjektkönig" möchte, dass es auf diesem Fest lustig zugeht. Jeder Gast hat eine Karte mit einem Satzglied mitgebracht, mit dem auf dem Fest lustige Sätze gebildet werden können. Die königliche Staatskapelle (Kinder mit Rhythmusinstrumenten) eröffnet das Fest. Sie spielt eine Musik, zu der die Gäste im Raum frei gehen, schreiten oder tanzen können. Man ist höflich, verbeugt sich, wenn man sich trifft, und tauscht dabei die Karten mit den Satzgliedern aus. Die Festmusik wird unterbrochen und die Gäste finden sich zu einzelnen Gruppen zusammen, geordnet nach den Zahlen eins bis vier. Sie bilden einen Satz. Jetzt tritt der „Subjektkönig" auf und signalisiert mit einem Gongschlag die Vorstellung der gebildeten Sätze. Dabei schreitet er an allen Gruppen (Sätzen) vorbei und fragt in einem ganzen Satz jeweils mit der Wer-Frage nach dem Subjekt. Der Gast, der das Subjekt besitzt, antwortet auf die Wer-Frage – ebenfalls im ganzen Satz.

Wenn alle Wer-Fragen gestellt und beantwortet worden sind, tritt ein neuer „Subjektkönig" auf und die „königliche Staatskapelle" wird ausgewechselt.

Dieses Spiel bereitet den Kindern große Freude und sollte einige Male wiederholt werden.

Zum Abschluss wird mit den Kindern reflektiert, dass auf die Wer-Frage immer nur mit einem Satzglied (ein Kind) richtig geantwortet werden konnte. Dieses Satzglied nennen wir Subjekt.

Veränderung des Verbs durch Vorsilben: Der „Verbenkönig"

Übungseinheit 29

Sprachliche und rhythmische Ziele:

– Wortschatz erweitern durch das Zuordnen von Vorsilben zu Verben
– Satzbildung üben: Verwendung der neu gefundenen Verben in einem sinnvollen Satz
– durch das Spiel Freude an sprachlicher Kreativität entwickeln

Material/Medien:

– Karten mit Verben in der Grundform (Kopiervorlagen 2–3 zur Übungseinheit 29)
– Karten mit verschiedenen Vorsilben in Klassenstärke (Kopiervorlage 1 zur Übungseinheit 29)
– Rhythmusinstrumente

Vorbereitung:

Alle Kinder der Klasse erhalten eine Karte mit einer Vorsilbe. Ein Kind sitzt als König auf seinem „Thron" und erhält den Stapel mit den Verben in der Grundform. Einige Kinder (3 bis 4) erhalten als „königliche Staatskapelle" ein Rhythmusinstrument.

Spielverlauf:

Der Lehrer/die Lehrerin erzählt: Im Land der Verben herrscht der Verbenkönig. Leider hat er keine Diener mehr. Deshalb hat er alle Menschen, die eine Karte mit einer Vorsilbe besitzen, dazu aufgerufen, sich bei ihm als Diener zu bewerben. Die „königliche Staatskapelle" spielt, während die Bewerber durch den königlichen Wald zum Schloss des Königs wandern. Ist der Rhythmus zu Ende, bleiben alle stehen. Der König nimmt die erste Karte und liest das Verb laut vor, z. B. fahren. Die „königliche Staatskapelle" spielt zum Aufzug der Bewerber. Alle Bewerber, die glauben, eine Vorsilben-Karte zu haben, die zu dem Verb passt, stellen sich beim Musikstopp hintereinander vor dem König auf.

Der erste Bewerber – er hat z. B. eine Karte mit der Vorsilbe „ab" – verbeugt sich und bildet als „Dienerprüfung" mit dem neuen Wort aus Vorsilbe und Verb einen Satz, z. B.: „Das Auto kann abfahren." (Gefragt ist jeweils ein Satz, in dem das neue Wort sinnvoll angewandt wird.)

Ist der König „zufrieden", erfolgt die Antwort: „Du darfst mein Diener sein." Das Kind stellt sich zum König und der nächste Bewerber kommt an die Reihe. (Auch Kinder, die unsicher sind, ob ihre Vorsilbe passt, dürfen sich anstellen. Gemeinsam kann dann geklärt werden, ob die Vorsilbe geeignet ist. Unter Umständen helfen die Mitschüler/-innen, einen sinnvollen Satz zu bilden.)

Für das Zuordnen der Vorsilben zu dem nächsten Verb werden der König und die „königliche Staatskapelle" ausgewechselt. Der Bewerberzug setzt sich erneut in Bewegung. Dabei tauschen die Kinder ihre Vorsilben-Karten untereinander aus.

Satzanfänge

Übungseinheit 30

Sprachliche und rhythmische Ziele:

- den mündlichen Sprachgebrauch fördern (Satzbildung)
- unterschiedliche Satzanfänge sinnvoll verwenden
- aktives Zuhören üben
- einen sinnvollen sprachlichen Zusammenhang entwickeln
- einen vorgegebenen Trommelrhythmus als „schöpferische Pause" erfahren

Material/Medien:

- vorbereitete Karten mit Satzanfängen (Kopiervorlagen 1–3 zur Übungseinheit 30)
- Handtrommel

Vorbereitung:

Alle Kinder sitzen im Kreis. Die Karten mit den Satzanfängen werden bereitgehalten.

Spielverlauf:

Zunächst erzählt der Lehrer/die Lehrerin eine kurze Geschichte (höchstens 4 Sätze). Ab dem zweiten Satz beginnt jeder weitere Satz mit „Dann". Die Kinder werden aufgefordert, nachzudenken, was ihnen aufgefallen ist (Gleichförmigkeit der Satzanfänge).

Nun werden verschiedene Satzanfänge wahllos in die Mitte gelegt. Danach werden Themen gesammelt, die sich für eine Geschichte eignen. Werden mehrere Themen genannt, stimmen die Kinder ab, welches als erstes genommen wird. Die übrigen Themen werden als „Vorrat" zum Erzählen festgehalten und an weiteren Tagen genutzt.

Der Lehrer/die Lehrerin beginnt mit einem kurzen Trommelrhythmus, der bei der Wiederholung möglichst gleich lang und rhythmisch gleich sein sollte. Endet der Rhythmus, darf ein Kind eine Karte mit einem Satzanfang vom Boden nehmen und den ersten Satz der Geschichte erzählen. Danach legt es den Streifen wieder sichtbar auf dem Boden ab. Nach dem nächsten Trommelrhythmus kommt das nächste Kind an die Reihe. Merkt es, dass schon ein anderes Kind vor ihm unterwegs ist, wartet es auf die nächste Gelegenheit. So wird im Wechsel der Sprecher eine gemeinsame Geschichte erzählt.

Erfahrungsgemäß verwenden die Kinder beim ersten Mal nur wenige verschiedene Satzanfänge. Daher kann bei einer der nächsten Erzählrunden zu einem neuen Thema am gleichen oder an einem anderen Tag die folgende Variante das Spiel bereichern und erschweren: Immer wenn ein Satzanfang benutzt wurde, muss die entsprechende Karte umgedreht werden. Dieser Satzanfang steht dann nicht mehr zur Verfügung.

KV 1 (ÜE 1)

FRAGE	ALT	GEHEN
FÜHLEN	FRIEDLICH	FREUND
SPRINGEN	FORM	LUSTIG

Karl-Heinz Schwenk: Rhythmischbewegter Deutschunterricht · 3./4. Klasse · Best.-Nr. 668
© Brigg Pädagogik Verlag GmbH, Augsburg

KV 2 (ÜE 1)

FRAGEN	KLEIN	MÜNCHEN
GEDANKE	FUSSBALL	SPIELEN
LAUFEN	GERN	FROH

Karl-Heinz Schwenk: Rhythmischbewegter Deutschunterricht · 3./4. Klasse · Best.Nr. 668
© Brigg Pädagogik Verlag GmbH, Augsburg

KV 3 (ÜE 1)

ANTWORTEN	SCHLECHT	SPECHT
LAUT	TRAGEN	ROSE
LEISE	HAAR	VOGEL

KV 4 (ÜE 1)

KV (ÜE 3)

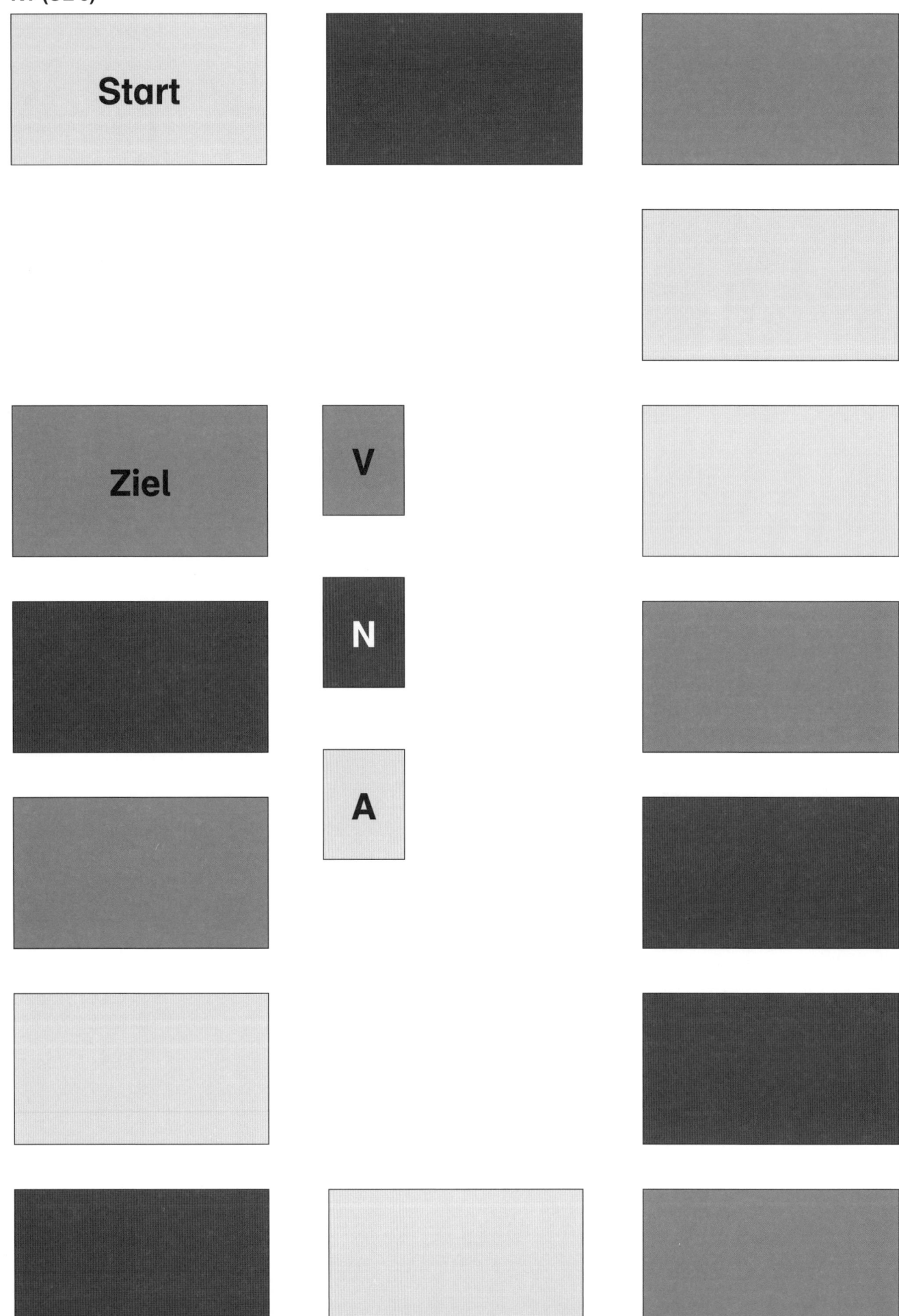

Start

Ziel

V

N

A

44

KV 1 (ÜE 4)

Fenster-	-tür	Haus-
-platz	Anker-	-bild
Kleider-	-füßler	Tausend-

KV 2 (ÜE 4)

-haken	Regen-	-mantel
Gummi-	-stiefel	Reise-
-tasche	Pferde-	-sattel

KV 3 (ÜE 4)

Turn-	-sessel	Bade-
-rahmen	Fernseh-	-sauger
Fenster-	-schuhe	Staub-

KV 4 (ÜE 4)

-korb	Frosch-	-zimmer
Strand-	-spieler	Gäste-
-anzug	Fußball-	-könig

KV 1 (ÜE 5)

ich	du
er, sie, es	wir
ihr	sie
laufe	trägst

spielt	rechnen
sucht	malen
träume	hältst
winkt	stehen

seht	reden
antworte	singst
springt	fragen
tobt	schwimmen

laufen	tragen
spielen	rechnen
suchen	malen
träumen	halten
winken	stehen

KV 2 (ÜE 6)

sehen	reden
antworten	singen
springen	fragen
toben	schwimmen

laufe	gehst
spielt	trinken
kommt	mögen
frage	antwortest

gibt	nehmen
haltet	finden
singe	springst
liebt	sagen

KV 3 (ÜE 10)

arbeitet	lügen
flüstere	trägst
musiziert	schnarchen
steht	gähnt

abscheulich	ähnlicher
am ältesten	beliebt
berühmter	am bissigsten
dankbar	dreckiger
am drolligsten	ehrlich

eifersüchtiger	am eigenartigsten
fair	fähiger
am faulsten	gern
am meisten	am gefährlichsten
hart	heller

KV (ÜE 12)

kaufen	sehen	schreiben
fahren	sagen	essen
gehen	leuchten	wohnen

KV 1 (ÜE 13)

gehen	schreiten	stolpern
sausen	**sprechen**	antworten
zuflüstern	sagen	**sehen**

KV 2 (ÜE 13)

beobachten	betrachten	gaffen
machen	ausführen	erledigen
unternehmen	geben	schenken

KV 3 (ÜE 13)

essen	knabbern	winseln
erteilen	genießen	heulen
überbringen	kauen	**weinen**

KV 4 (ÜE 13)

wimmern	reinigen	abwaschen
putzen	kehren	schlafen
ruhen	dösen	schlummern

Karl-Heinz Schwenk: Rhythmischbewegter Deutschunterricht · 3./4. Klasse · Best.Nr. 668
© Brigg Pädagogik Verlag GmbH, Augsburg

KV 5 (ÜE 13)

glitzern	funkeln	**leuchten**
lodern	**brennen**	strahlen
fahren	glimmen	glühen

KV 6 (ÜE 13)

lenken	rollen	rasen
schreiben	notieren	kritzeln
krakeln	klingeln	ertönen

KV 7 (ÜE 13)

schimpfen	läuten	rasseln
maulen	meckern	anschreien
schuften	schaffen	**arbeiten**

KV 8 (ÜE 13)

lauschen	hören	werken
denken	bemerken	vernehmen
überlegen	nachsinnen	grübeln

KV 1 (ÜE 14)

We- k / g	Ste- k / g	No- d / t
Ta- g / k	har- d / t	Bro- t / d
hal- p / b	klu- k / g	Lo- p / b

KV 2 (ÜE 14)

Furch- t / d	Gel- d / t	Gepar- d / t
Grafi- g / k	Hie- p / b	Horosko- p / b
Insek- t / d	gesun- d / t	bun- t / d

KV 3 (ÜE 14)

Sta- p / b	Gebie- d / t	Gegen- d / t
Fruch- t / d	Flu- g / k	Fabri- k / g
Sie- g / k	Telesko- b / p	Blu- t / d

Karl-Heinz Schwenk: Rhythmischbewegter Deutschunterricht · 3./4. Klasse · Best.Nr. 668
© Brigg Pädagogik Verlag GmbH, Augsburg

KV 1 (ÜE 15)

H _ n	S _ n
B _ n	S _ ne
H _ le	F _ rt
B _ ne	H _ n

KV 2 (ÜE 15)

L__rer	R__
F__ne	S__ne
M__n	F__ler
F__ler	fr__lich

KV 3 (ÜE 15)

L__m	fr__
F__re	F__rte
M__l	st__len
z__	__nlich

KV 4 (ÜE 15)

eh	uh	öh	üh
eh	ah	öh	üh
eh	ah	öh	üh
oh	ah	öh	üh
oh	ah	uh	äh
oh	ah	uh	äh

KV 1 (ÜE 16)

-ig

-lich

abenteuer-	schreck-
fürchter-	pünkt-
gründ-	könig-
gefähr-	männ-
fried-	heim-
ehr-	glück-

sorgfält-	hast-
schwier-	witz-
wind-	eck-
mächt-	prächt-
ruh-	hungr-
zorn-	klebr-

KV 1 (ÜE 17)

klug	schön
flüssig	traurig
natürlich	böse
eitel	bekannt

KV 2 (ÜE 17)

krank	wirklich
dunkel	hell
schnell	spannend
fein	sprachlos

stärken	achten
erfahren	stellen
begehen	besichtigen
verzeihen	bemerken

empfehlen	absperren
handeln	sitzen
besprechen	beobachten
werden	fälschen

-heit

-keit

KV 6 (ÜE 17)

-ung

KV 1 (ÜE 18: Würfelspiel: Spielfeld)

Material: 1 Spielfeld, 1 Würfel, „Glückskarten" – in beliebiger Anzahl kopiert, Spielkarten mit Oberbegriffen, Chips oder Stäbchen o. Ä.

Spielregel:
Vor dem Startfeld werden die Spielfiguren aufgestellt. Es wird ausgewürfelt, wer beginnen darf.
Erreicht der Spieler ein Kronenfeld, wird eine Karte gezogen. Auf dieser Karte steht entweder ein Oberbegriff, zu dem ein oder mehrere Wörter benannt werden müssen, oder es ist eine „Glückskarte". Auf den Karten mit den Oberbegriffen ist vermerkt, wie viele Chips der Spieler für die gelöste Aufgabe erhält. Wird die Aufgabe nicht vollständig gelöst, gibt es keine Chips. Sieger ist der Spieler, der am Schluss die meisten Chips bekommen hat. Die Chips werden gezählt, wenn der erste Spieler am Ziel ist.

KV 2 (ÜE 18: „Glückskarten" – für eigene Ideen Blankokarten (5) benutzen)

Gehe drei Felder zurück.	Schenke jedem Kind einen Chip.
Du erhältst drei Chips.	Setze eine Runde aus.
Gehe drei Felder vor.	Du bekommst von jedem Kind einen Chip.
Du darfst noch einmal würfeln.	Tausche mit einem Kind die Chips.

KV 3 (ÜE 18: Spielkarten mit Oberbegriffen)

Finde zum Oberbegriff **Tiere** zwei Wörter! Du bekommst dafür zwei Chips.	Finde zum Oberbegriff **Wetter** drei Wörter! Du bekommst dafür drei Chips.
Finde zum Oberbegriff **Möbel** zwei Wörter! Du bekommst dafür zwei Chips.	Finde zum Oberbegriff **Tiere** zwei Wörter! Du bekommst dafür zwei Chips.
Finde zum Oberbegriff **Berufe** ein Wort! Du bekommst dafür einen Chip.	Finde zum Oberbegriff **Fahrzeuge** drei Wörter! Du bekommst dafür drei Chips.
Finde zum Oberbegriff **Obst** ein Wort! Du bekommst dafür einen Chip.	Finde zum Oberbegriff **Werkzeuge** drei Wörter! Du bekommst dafür drei Chips.
Finde zum Oberbegriff **Kleidung** ein Wort! Du bekommst dafür einen Chip.	Finde zum Oberbegriff **Bücher** zwei Wörter! Du bekommst dafür zwei Chips.

Tiere

Wetter

Möbel

Schulfächer

Berufe

Pflanzen

Nahrungsmittel

Fahrzeuge

Obst

Behälter

Gebäude

Bücher

Musikinstrumente

Werkzeuge

Kleidung

KV 1 (ÜE 19)

Sturm	Hagel
Regen	Schnee
Liter	Kilometer
Tonne	Gramm

Wolf	Hirschkäfer
Aal	Robbe
Fußballspieler	Architekt
Friseurin	Schreiner

Deutsch	Kunst
Musik	Mathematik
Fichte	Hyazinthe
Buche	Weizen

KV 4 (ÜE 19)

Klugheit	Ehrlichkeit
Treue	Mut

Tiere

Wetter

Maßeinheiten

Schulfächer

Pflanzen

Eigenschaften

KV 1 (ÜE 20)

,,	``	``
,,	,,	
	``	``
,,	,,	
	``	``
,,	,,	

Karl-Heinz Schwenk: Rhythmischbewegter Deutschunterricht · 3./4. Klasse · Best.Nr. 668
© Brigg Pädagogik Verlag GmbH, Augsburg

95

KV 2 (ÜE 20)

96

KV 3 (ÜE 20)

!	!	!	!
!	!	?	?
?	?	?	?

KV 4 (ÜE 20)

,	,	,	,
,	,	,	,
,	,	,	,

KV 5 (ÜE 20)

Hast du die Hausaufgaben gemacht

fragt Leo

Das Essen ist fertig

ruft die Mutter

Gestern war ich im Schwimmbad

erzählt Anna

Jens fragt

Kommst du heute zu mir

Yvonne kreischt

Au, das tut mir weh

Der Lehrer fordert die Kinder auf

Legt die Hefte auf den Tisch

Hanno erkundigt sich

Beißt dein Hund

Opa berichtet

Im Urlaub war es sehr heiß

Ist die Aufgabe schwer

stöhnt Gabi

Der Bagger ist aber groß

staunt Fabian

Der Zwerg fragt

Wer hat von meinem Tellerchen gegessen

Schneewittchen ist tausendmal schöner als Ihr

erklärt der Spiegel

KV 9 (ÜE 20)

| Hau doch ab |

| schreit Florian |

| Das Fahrrad ist zu teuer |

| sagt der Kunde |

| Der Film war aber schön |

| schwärmt der Kinobesucher |

KV 1 (ÜE 24)

alt	stark
neu	
schwach	schwer
leicht	
gut	breit
schlecht	

Karl-Heinz Schwenk: Rhythmischbewegter Deutschunterricht · 3./4. Klasse · Best.Nr. 668
© Brigg Pädagogik Verlag GmbH, Augsburg

KV 2 (ÜE 24)

schmal	weit	eng
sauer	süß	traurig
froh	hoch	tief

KV 3 (ÜE 24)

hell	heiß	nass
dünn	kalt	gerade
dick	dunkel	krumm

KV 4 (ÜE 24)

trocken	viel	wenig
hart	weich	krank
gesund	scharf	stumpf

KV 1 (ÜE 25)

AM ABEND

LIEST

LENA

EIN BUCH

Karl-Heinz Schwenk: Rhythmischbewegter Deutschunterricht · 3./4. Klasse · Best.Nr. 668
© Brigg Pädagogik Verlag GmbH, Augsburg

JEDEN MORGEN

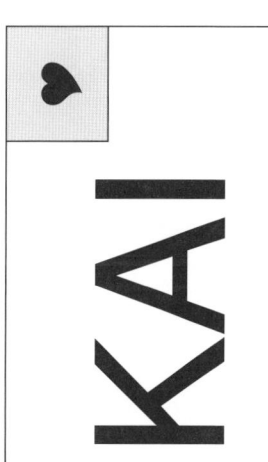

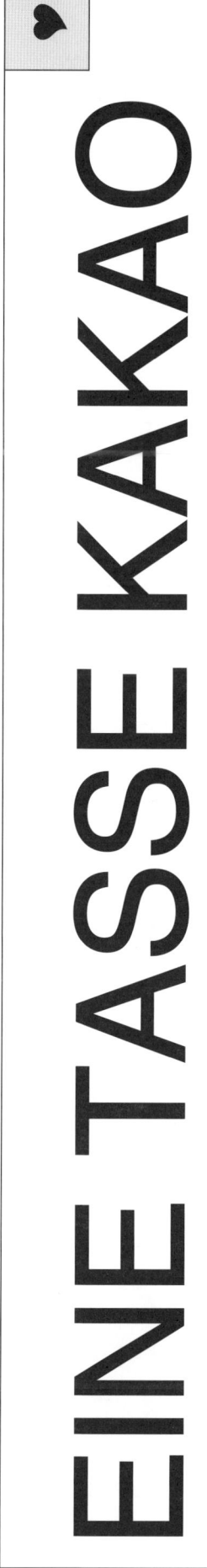

TRINKT

KAI

EINE TASSE KAKAO

KV 3 (ÜE 25)

JEDE WOCHE

PUTZT 2

ANNE

IHR FAHRRAD

Karl-Heinz Schwenk: Rhythmischbewegter Deutschunterricht · 3./4. Klasse · Best.Nr. 668
© Brigg Pädagogik Verlag GmbH, Augsburg

MANCHMAL BESUCHT SVEN SEINEN OPA

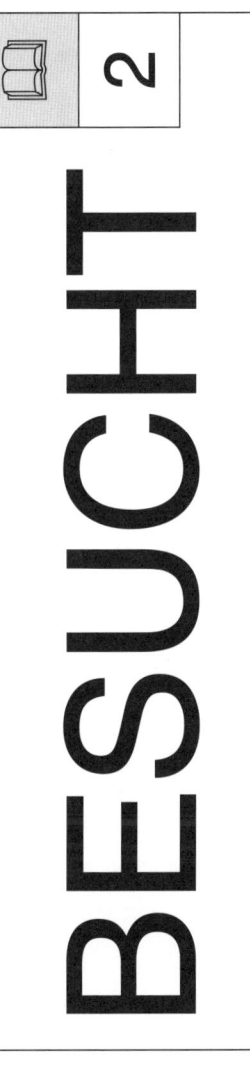

KV 5 (ÜE 25)

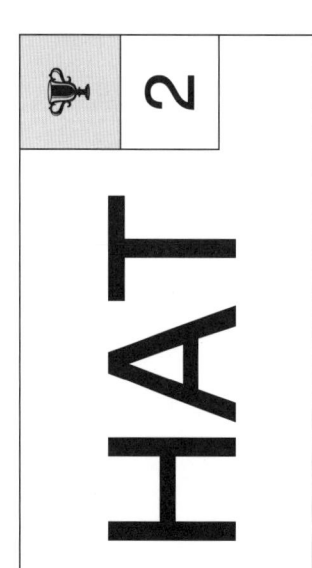

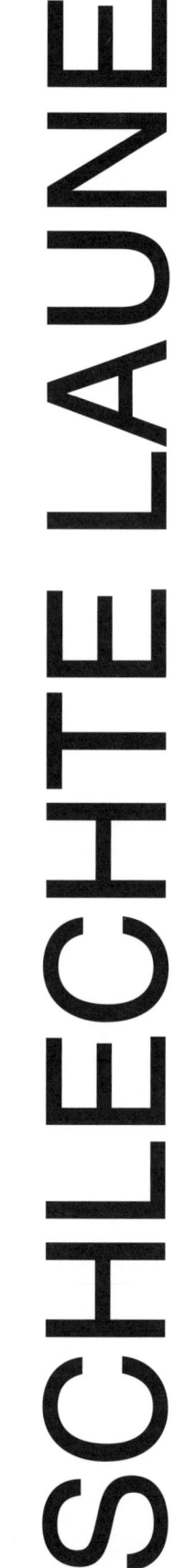

SELTEN HAT 2 DIE LEHRERIN SCHLECHTE LAUNE

KV 6 (ÜE 25)

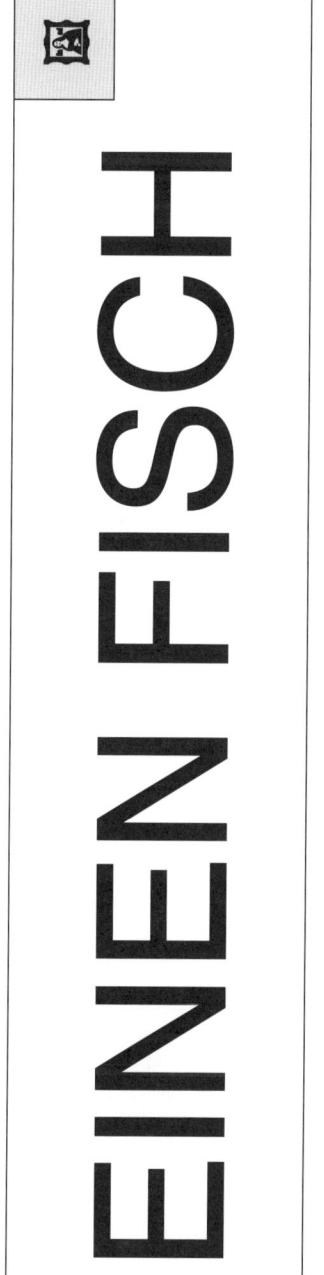

HEUTE

FÄNGT 2

JANA

EINEN FISCH

KV 7 (ÜE 25)

OFT KAUT 2 MARKUS EINEN KAUGUMMI

114

Karl-Heinz Schwenk: Rhythmischbewegter Deutschunterricht · 3./4. Klasse · Best.Nr. 668
© Brigg Pädagogik Verlag GmbH, Augsburg

KV 1 (ÜE 26)

DER REITLEHRER

HOLT

2

REBEKKA

EIN PFERD

KV 2 (ÜE 26)

DIE MUTTER

BÄCKT 2

DEN KINDERN

EINE PIZZA

KV 3 (ÜE 26)

DIE LEHRERIN ☺

GIBT ☺ 2

DEM FLEIßIGEN KIND ☺

EINE GUTE NOTE ☺

KV 4 (ÜE 26)

DER KELLNER

SERVIERT 2

DEM GAST

EIN MENÜ

KV 5 (ÜE 26)

DER FRISÖR

SCHNEIDET 2

DEM KUNDEN

DIE HAARE

DIE OMA

SCHICKT 2

DEM ENKEL

EIN PAKET

KV 7 (ÜE 26)

DER FÖRSTER

ZEIGT 2

DEN SCHÜLERN

SELTENE PFLANZEN

Wer / Was?

Was tut / Was geschieht?

Wem?

Wen / Was?

KV 2 (ÜE 27)

DER VATER

GIBT 2

DEM VERKÄUFER

ZEHN EURO

KV 3 (ÜE 27)

DIE ZUSCHAUER

SPENDEN 2

DEM KÜNSTLER

TOSENDEN APPLAUS

DER BRAVE HUND

BRINGT 2

SEINEM HERRCHEN

DIE ZEITUNG

DER TAXIFAHRER

TRÄGT 2

DEM FAHRGAST

DAS GEPÄCK

DER POLIZIST

SCHREIBT 2

DEM FAHRER

EIN KNÖLLCHEN

DER ARZT

VERSCHREIBT

DEM PATIENTEN

EIN MEDIKAMENT

DER KELLNER

BRINGT 2

DEM GAST

EIN GETRÄNK

KV 1 (ÜE 28)

1	DIE MUTTER

2	GIBT

3	DER KLEINEN TOCHTER

4	EINEN KUSS

KV 2 (ÜE 28)

	1
DIE KUH	

	2
SCHENKT	

	3
DEM KÄLBCHEN	

	4
WOHLIGE WÄRME	

1 DIE SONNE

2 SPENDET

3 DEN MENSCHEN

4 LICHT

KV 4 (ÜE 28)

	1
DIE SCHNEIDERIN	

	2
NÄHT	

	3
DEM VATER	

	4
EINE HOSE	

KV 5 (ÜE 28)

1
DER VERKÄUFER

2
LEIHT

3
DEM KUNDEN

4
EIN HANDY

KV 6 (ÜE 28)

	1
DER ARZT	

	2
VERBINDET	

	3
DEM PATIENTEN	

	4
EINEN FUß	

1	DER SCHIEDSRICHTER
2	ZEIGT
3	DEM SPIELER
4	DIE ROTE KARTE

KV 8 (ÜE 28)

1 DIE LEHRERIN

2 ERKLÄRT

3 DEN SCHÜLERN

4 EINE SCHWERE AUFGABE

KV 1 (ÜE 29)

ab-	be-
ent-	auf-
ver-	vor-
um-	an-

Karl-Heinz Schwenk: Rhythmischbewegter Deutschunterricht · 3./4. Klasse · Best.Nr. 668
© Brigg Pädagogik Verlag GmbH, Augsburg

bieten	gehen
folgen	fahren
bringen	suchen
riechen	stehen

KV 3 (ÜE 29)

reden	räumen
geben	machen
sehen	laufen
kommen	hören

Neulich

Eines Tages

Plötzlich

Später

Danach

Als

Erst als

Auf einmal

Da aber

Notfalls

Anschließend

Schnell

Leider

Freudig

Während

AB Übungseinheit 12

Wortfamilien

1. Schreibe zu jeder Wortfamilie noch zwei passende Wörter!

sehen
absehen
Ansicht
ansehen
Vorsicht

kaufen
käuflich
Kaufhaus
ankaufen
Kauflust

schreiben
Schrift
anschreiben
zuschreiben
vorschreiben

fahren
Vorfahrt
verfahren
Fahrt
wegfahren

sagen
Sage
vorsagen
Ansage
versagen

gehen
Gehweg
begehbar
angehen
Vergehen

2. Suche dir aus jeder Wortfamilie zwei Wörter aus. Schreibe zu jedem dieser Wörter einen Satz in dein Heft.

AB Übungseinheit 13
Wortfelder

Ordne die Wörter unter der Tabelle den Oberbegriffen zu! Vielleicht findest du noch eigene Wörter.

leuchten	putzen	arbeiten	schimpfen

schuften, wischen, schimmern, zetern, maulen, strahlen, abwaschen, kehren, protestieren, funkeln, schaffen, glitzern, waschen, werken, malochen, meckern, …

schlafen	fahren	klingeln	schreiben

reisen, schellen, rasseln, pennen, lenken, krakeln, dösen, rasen, notieren, bimmeln, rollen, kritzeln, schlummern, läuten, schnarchen, festhalten, …

AB Übungseinheit 18

Oberbegriffe

Ordne die Wörter unter den Tabellen den richtigen Oberbegriffen zu! Vielleicht findest du selbst noch passende Wörter.

Wassertiere	Reptilien	Bauernhoftiere	Pflanzen

Efeu, Krokodil, Eiche, Huhn, Barsch, Wal, Kuh, Leguan, Eidechse, Hahn, Nelke, Salamander, Karpfen, Klee, Hai, Kalb, ...

Wetter	Fahrzeuge	Möbel	Flugzeuge

Doppeldecker, Sessel, Limousine, Gewitter, Schrank, Sofa, Roller, Hubschrauber, Blitz, Zeppelin, Stuhl, Rakete, Hagel, Omnibus, Motorrad, Sturm, ...

Blankokarten: Karten für Wörter

Blankokarten: Karten für Satzglieder

1

2

3

4

Blankokarten: Karten für Sätze

BRIGG Pädagogik VERLAG

Besser mit Brigg Pädagogik!
Die Rechtschreibfähigkeit der Kinder gezielt fördern!

Ursula Lassert

Diktate und Rechtschreibübungen

Texte und Arbeitsaufträge zu wichtigen Rechtschreibphänomenen in zwei Schwierigkeitsstufen

3. Klasse

84 S., DIN A4,
Kopiervorlagen mit Lösungen
Best.-Nr. 605

Passgenaue Diktattexte und Übungen besonders für heterogene Klassen! Zu jedem Text enthält der Band Arbeitsblätter in zwei Schwierigkeitsstufen. Zunächst wird jeweils das Rechtschreibphänomen genannt. Anschließend finden die Kinder eine altersgerecht formulierte, ansprechende Darstellung der Merkregel. Darauf folgen der Arbeitstext und die Aufgaben dazu.

Marlis Erni-Fähndrich

Wörter trennen

Arbeitsblätter zum selbstständigen Erarbeiten eines grundlegenden Rechtschreibthemas

3./4. Klasse

62 S., DIN A4,
Kopiervorlagen mit Lösungen
Best.-Nr. 678

Die Schüler/-innen werden für das richtige Trennen und das Erkennen von Silben sensibilisiert, lernen **orthografische Regeln** kennen und anzuwenden. Leicht verständliche Arbeitsanweisungen, sparsame grammatische Erklärungen und übersichtliche Lösungen ermöglichen **ein komplett selbstständiges Arbeiten** zu Hause oder in der Schule, in Einzel- und in Partnerarbeit.

Silvia Regelein

Richtig schreiben lernen – so klappt's!

Arbeitsblätter für ein gezieltes Rechtschreibtraining mit Selbstkontrolle

3. Klasse

80 S., DIN A4
Kopiervorlagen mit Lösungen
Best.-Nr. 583

Diese Materialien eignen sich besonders für selbstständiges und eigenverantwortliches Lernen, ohne die Kinder dabei zu überfordern. Am Seitenrand der Arbeitsblätter befindet sich jeweils ein **senkrechter Streifen zum Umklappen** mit übersichtlichen und schnell auffindbaren Lösungen.

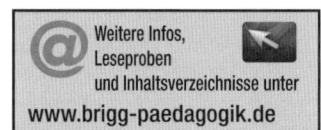

@ Weitere Infos, Leseproben und Inhaltsverzeichnisse unter
www.brigg-paedagogik.de

Silvia Regelein

Richtig schreiben lernen – so klappt's!

Arbeitsblätter für ein gezieltes Rechtschreibtraining mit Selbstkontrolle

4. Klasse

76 S., DIN A4,
Kopiervorlagen mit Lösungen
Best.-Nr. 650

Die Materialien für die 4. Klasse bauen auf den Grundlagen von Band 3 auf. Eingebettet in dieselbe fortlaufende Geschichte erarbeiten sich die Kinder den **Rechtschreibstoff des 4. Schuljahres** weitgehend selbstständig. Dank der **umklappbaren Lösungsstreifen** am Seitenrand können sie zunächst alle Aufgaben ungestört ausführen und durch Aufklappen der Lösung schnell und unkompliziert überprüfen.

Bestellcoupon

Ja, bitte senden Sie mir / uns mit Rechnung

_____ Expl. Best.-Nr. _____
_____ Expl. Best.-Nr. _____
_____ Expl. Best.-Nr. _____
_____ Expl. Best.-Nr. _____

Meine Anschrift lautet:

Name / Vorname

Straße

PLZ / Ort

E-Mail

Datum/Unterschrift   Telefon (für Rückfragen)

Bitte kopieren und einsenden/faxen an:

**Brigg Pädagogik Verlag GmbH
zu Hd. Herrn Franz-Josef Büchler
Zusamstr. 5
86165 Augsburg**

☐ Ja, bitte schicken Sie mir Ihren Gesamtkatalog zu.

Bequem bestellen per Telefon/Fax:
Tel.: 0821/45 54 94-17
Fax: 0821/45 54 94-19
Online: www.brigg-paedagogik.de

Besser mit Brigg Pädagogik!
Kreative Materialien für Ihren Leseunterricht!

Annette Weber

Neue spannende Kurzgeschichten für die Grundschule

Texte und kreative Arbeitsblätter für abwechslungsreiche Deutschstunden

ab Klasse 3

60 S., DIN A4, Kopiervorlagen mit Lösungen
Best.-Nr. 655

Dieser Band liefert Ihnen **neuen, spannenden Lesestoff und abwechslungsreiche Arbeitsblätter**. Alle Kurzgeschichten lassen sich jeweils bestens innerhalb einer Deutschstunde bearbeiten und fördern die **Lesekompetenz** und die **Erzählfähigkeit** der Schüler/-innen. Die Geschichten können gut als Belohnung und kleine Pause eingesetzt werden.

Jürgen Färber

Lesekompetenz spielerisch entwickeln

Kinder erfinden ihre eigenen Quizspiele

ab Klasse 3

40 S., DIN A4, mit Kopiervorlagen und Software-CD-ROM
Best.-Nr. 587

Dieses neuartige Angebot aus **Buch und Software** bietet Ihnen außergewöhnliche Materialien und Unterrichtsideen für den fächerübergreifenden Leseunterricht. Mithilfe der interessanten **Sachtexte**, **Kopiervorlagen**, Anleitungen und der beiliegenden Software „Brigg-Quizgenerator" erstellen die Kinder ihr eigenes Quiz, wobei verschiedene Kompetenzbereiche wie Lese-, Sach- und Medienkompetenz gefördert werden.

Monika Nowicki

Texte und Arbeitsblätter für eine gezielte Leseförderung

Für Spürnasen und Träumer, Spitzbuben und Streuner

4. Klasse

120 S., DIN A4, Kopiervorlagen mit Lösungen
Best.-Nr. 447

Der Band bietet **12 neue, zeitgemäße** und spannende Texte für den Leseunterricht der 4. Klasse. Das Übungsmaterial motiviert die Kinder durch seinen spielerisch-herausfordernden Charakter und ermöglicht Ihnen eine differenzierte Förderung verschiedener Lesetechniken. Die **Lösungsblätter** am Ende jeder Sequenz dienen zur Selbstkontrolle und erleichtern Ihnen die Unterrichtsvorbereitung.

Bernd Wehren

Rätselhafte Lese-Labyrinthe

Spielerisch lesen und schreiben in drei Schwierigkeitsstufen

1.–4. Klasse

68 S., DIN A4, Kopiervorlagen mit Lösungen
Best.-Nr. 606

Die **14 leichten, zehn mittleren und sechs schweren Lese-Labyrinthe** fordern die Kinder dazu auf, den richtigen Weg zu finden und damit zu einem sinnvollen Text zu gelangen. Der Schwierigkeitsgrad der Arbeitsblätter ist jeweils durch Piktogramme eindeutig gekennzeichnet. Innerhalb der drei Niveaustufen steigert sich die Wörterzahl stetig. Mit allen **Lösungen** und **Blanko-Vorlagen** zur Erstellung eigener Labyrinthe.

Bestellcoupon

Ja, bitte senden Sie mir/uns mit Rechnung

_____ Expl. Best.-Nr. _____
_____ Expl. Best.-Nr. _____
_____ Expl. Best.-Nr. _____
_____ Expl. Best.-Nr. _____

Meine Anschrift lautet:

Name / Vorname

Straße

PLZ / Ort

E-Mail

Datum/Unterschrift   Telefon (für Rückfragen)

Bitte kopieren und einsenden/faxen an:

**Brigg Pädagogik Verlag GmbH
zu Hd. Herrn Franz-Josef Büchler
Zusamstr. 5
86165 Augsburg**

☐ Ja, bitte schicken Sie mir Ihren Gesamtkatalog zu.

Bequem bestellen per Telefon/Fax:
Tel.: 0821/45 54 94-17
Fax: 0821/45 54 94-19
Online: www.brigg-paedagogik.de

Besser mit Brigg Pädagogik!
Vielfältige Kopiervorlagen für Ihren Mathematikunterricht!

Bernd Wehren

Der Zeichengeräte-Führerschein

Übungsmaterial zu Lineal, Geodreieck und Zirkel

3./4. Klasse

72 S., DIN A4
Kopiervorlagen mit Lösungen,
32 Zeichengeräte-Führerscheine
Best.-Nr. 547

Klassensatz farbiger Flüster-Führerscheine

8 Bögen mit je 4 Führerscheinen
Best.-Nr. 548

Die **spielerischen Zeichenübungen** und **konkreten Aufgaben** des Bandes zum Umgang mit Lineal, Zirkel und Geodreieck lassen Ihre Schüler/-innen immer sicherer in der Handhabung mit den Zeichengeräten werden.

Wilfried Ermel

Grundwissen Mathematik in vier Stufen

40 Übungsblätter mit Lösungen zu den wichtigsten Mathematikthemen

1.– 4. Klasse

88 S., DIN A4,
Kopiervorlagen mit Lösungen
Best.-Nr. 607

Diese thematisch gegliederten Übungsblätter führen die Kinder von einfachen zu schwierigen Aufgaben – jeweils in vier Stufen. Sie **wiederholen, üben und vertiefen ihre Kenntnisse** in den vier Grundrechenarten, trainieren das Kopfrechnen, das Rechnen mit Maßen, Gewichten und Geldbeträgen, lösen Textaufgaben u. v. m.

Samuel Zwingli

Denksportaufgaben für helle Köpfe

ab Klasse 3

56 S., DIN A4,
Kopiervorlagen mit Lösungen
Best.-Nr. 313

Besonders begabte Kinder gezielt fördern! Mit diesen interessanten und anspruchsvollen Knobelaufgaben fordern und fördern Sie das logische Denken der Schüler/-innen. Das Heft enthält eine große Sammlung von Übungen zum räumlichen Vorstellungsvermögen und zum Spielen mit Zahlen. Toll auch als **Pausenfüller** oder als **Hausaufgabe** mit dem gewissen Etwas!

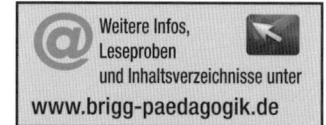

@ Weitere Infos, Leseproben und Inhaltsverzeichnisse unter www.brigg-paedagogik.de

---

Michael Junga

Vernetztes Kopfrechnen für Leistungsstarke

Addition und Subtraktion bis 100 mit Selbstkontrolle

36 S., DIN A4,
Kopiervorlagen mit Lösungen
Best.-Nr. 696

Das perfekte Übungsmaterial für **besonders begabte Kinder**: Mit dieser motivierenden Arbeitsblattsammlung sind Sie bestens gerüstet, wenn die sinnvolle Beschäftigung schneller Rechenkünstler gefragt ist. Die Aufgaben in **unterschiedlichen Schwierigkeitsniveaus** sind jeweils so gestaltet, dass die Kinder aus einer Tabelle 12 Kettenaufgaben entwickeln, diese in die leeren Felder schreiben und selbstständig ausrechnen.

Bestellcoupon

Ja, bitte senden Sie mir / uns mit Rechnung

_____ Expl. Best.-Nr. _____

_____ Expl. Best.-Nr. _____

_____ Expl. Best.-Nr. _____

_____ Expl. Best.-Nr. _____

Meine Anschrift lautet:

Name / Vorname

Straße

PLZ / Ort

E-Mail

Datum/Unterschrift   Telefon (für Rückfragen)

Bitte kopieren und einsenden/faxen an:

**Brigg Pädagogik Verlag GmbH
zu Hd. Herrn Franz-Josef Büchler
Zusamstr. 5
86165 Augsburg**

☐ Ja, bitte schicken Sie mir Ihren Gesamtkatalog zu.

Bequem bestellen per Telefon / Fax:
Tel.: 0821 / 45 54 94-17
Fax: 0821 / 45 54 94-19
Online: www.brigg-paedagogik.de